BIBLIOTHÈQUE

DE L'ÉCOLE

DES HAUTES ÉTUDES

PUBLIÉE SOUS LES AUSPICES

DU MINISTÈRE DE L'INSTRUCTION PUBLIQUE

SCIENCES PHILOLOGIQUES ET HISTORIQUES

QUATRE-VINGT-QUATORZIÈME FASCICULE

LA PROSE MÉTRIQUE DE SYMMAQUE ET LES ORIGINES DU CURSUS, PAR L. HAVET, PROFESSEUR AU COLLÈGE DE FRANCE, DIRECTEUR ADJOINT A L'ÉCOLE DES HAUTES ÉTUDES

PARIS

ÉMILE BOUILLON, ÉDITEUR

67, RUE DE RICHELIEU, 67

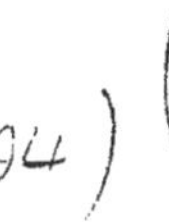

LA

PROSE MÉTRIQUE

DE SYMMAQUE

ET LES ORIGINES MÉTRIQUES DU CURSUS

LA
PROSE MÉTRIQUE
DE SYMMAQUE
ET LES ORIGINES MÉTRIQUES DU CURSUS

PAR

LOUIS HAVET

PROFESSEUR AU COLLÈGE DE FRANCE

DIRECTEUR ADJOINT A L'ÉCOLE PRATIQUE DES HAUTES ÉTUDES

PARIS
ÉMILE BOUILLON, ÉDITEUR
67, RUE DE RICHELIEU, 67
1892

LA

PROSE MÉTRIQUE DE SYMMAQUE

ET LES

ORIGINES MÉTRIQUES DU *CURSUS*

I

1. Le mot *cursus* a servi au moyen âge, à partir du XIIe siècle, à désigner un agencement euphonique des fins de phrase, agencement qui était soumis à des règles, et grâce auquel la structure de la prose participe de celle des vers.

2. M. Noël Valois, dans son *Étude sur le rythme des bulles pontificales*[1], a exposé très clairement comment le *cursus* a été pratiqué dans les lettres émanant des papes, et comment son emploi se divise en deux périodes distinctes. D'une part il y a été observé, plus ou moins exactement, depuis la fin du IVe siècle jusqu'au milieu du VIIe; d'autre part, après un long oubli, il y reparaît vers le commencement du XIIe siècle. Cette restauration, comme l'a indiqué M. l'abbé Duchesne[2] d'après un passage du *Liber pontificalis,* est l'œuvre personnelle d'un homme, Jean Caetani, chancelier du pape Urbain II; c'est une restauration érudite. Aussi fait-elle éclore des traités méthodiques de la matière, tels que la *Forma dictandi* du chancelier Albert de Morra, qui devint le pape Grégoire VIII, et en l'honneur de qui le système rythmique pratiqué à Rome est quelquefois appelé *stilus Gregorianus.* Les théoriciens du *cursus* reconnaissent trois variétés de fins de phrase, aptes à terminer des portions de discours d'importance inégale. Ils distinguent

1. *Bibliothèque de l'École des chartes,* 1881, p. 161-198 et 257-272.

2. *Note sur l'origine du «cursus» ou rythme prosaïque suivi dans la rédaction des bulles pontificales : Bibl. de l'Éc. des chartes,* 1889, p. 161-163.

les trois variétés par les termes de *cursus uelox, cursus tardus, cursus planus*. Le *cursus* est *uelox,* quand le dernier mot est un tétrasyllabe à pénultième longue et l'avant-dernier un polysyllabe à pénultième brève : ainsi *circumstantias intueri.* Il est *tardus,* quand au contraire le dernier mot est un tétrasyllabe à pénultième brève et l'avant-dernier un mot à pénultième longue : *moderatione palpauerit.* Il est *planus* quand le dernier mot est un trisyllabe à pénultième longue et l'avant-dernier un autre mot à pénultième longue : *comitetur honestas.*

3. Rien n'empêche d'énoncer les mêmes distinctions non plus en fonction de la quantité, mais en fonction de l'accent : on dira que le *cursus uelox* suppose un paroxyton tétrasyllabe précédé d'un proparoxyton, le *tardus* un proparoxyton tétrasyllabe précédé d'un paroxyton, et le *planus* un paroxyton trisyllabe précédé d'un autre paroxyton. Aussi y a-t-il eu des théoriciens qui, plus ou moins nettement, ont parlé d'accent; de fait, on trouve parfois assimilés aux proparoxytons vulgaires les proparoxytons exceptionnels qui n'ont pas la pénultième brève, comme *éxinde.* Quand d'ailleurs il est tenu compte de la quantité, c'est seulement en tant qu'elle détermine l'accent; nulle différence entre *plăgă, plăgā, plāgă, plāgā,* entre *dŏminĕ, nōminī,* entre *pŏtestas, lībertas,* entre *ārĭdorum, ămīcorum, ēlātorum, hăbĭtorum.* De sorte que le *cursus* des théoriciens, le *cursus* pratiqué dans les derniers siècles du moyen âge, constitue une prose *rythmique,* au sens où on dit : la poésie *rythmique.*

4. Le *cursus* latin des lettres papales, étudié dans son ensemble et surtout dans sa seconde période par M. Noël Valois, présentait par lui-même un intérêt assez vif, quand la question s'est trouvée singulièrement élargie. Le P. Bouvy le premier[1] signala ce qu'on peut appeler un *cursus* grec, *cursus* observé d'une façon très rigoureuse et même très monotone dans la prose de saint Sophrone, et fondé comme le *cursus* latin sur la considération de l'accent. Ce fut le point de départ d'une importante découverte de M. Guillaume Meyer (de Spire), professeur à Göttingen[2]. Ce savant reconnut que le système de Sophrone était un cas particulier d'un système de

1. *Poètes et mélodes : études sur les origines du rythme tonique dans l'hymnographie de l'Église grecque,* Nîmes, 1886, p. 201.

2. *Der accentuirte Satzschluss in der griechischen Prosa vom IV. bis XVI. Jahrhundert.* Göttingen, 1891. J'ai rendu compte de cette brochure et discuté certaines de ses conclusions dans la *Revue critique d'histoire et de littérature,* 1891, II, p. 207.

prose rythmique très général, lequel a été pratiqué par une multitude d'auteurs byzantins, depuis les derniers temps de l'antiquité jusqu'au-delà de la prise de Constantinople. Si on compare ce *cursus* grec au *cursus* latin, on voit bientôt que les règles diffèrent dans le détail; sans doute le *cursus tardus*, le *cursus uelox* et le *cursus planus* seraient corrects selon la pratique byzantine, mais les Byzantins admettent des types de fin de phrase exclus des lettres en langue latine; néanmoins, le principe est le même.

5. Des prosateurs byzantins, la curiosité de M. Guillaume Meyer s'est étendue aux prosateurs latins des bas siècles; il annonce sur la prose latine un travail qui doit être attendu avec impatience. Sa première publication m'a poussé à chercher de mon côté, et je me flatte que mes conclusions concorderont avec les siennes. Je n'ai connu qu'après coup une note de M. l'abbé Couture[1], lue en avril 1891 au Congrès des catholiques. M. Couture constate un *cursus* d'une part dans des formules liturgiques, d'autre part dans divers auteurs chrétiens. Il y a un *cursus* déjà dans saint Cyprien (cf. § 24), c'est à dire dès la première moitié du IIIe siècle. Somme toute, l'observation d'un *cursus* est un fait littéraire très général, et qui n'est propre ni à telle langue, ni à telle date.

6. Il n'est pas propre non plus à tel genre d'écrits. Les bulles papales, étudiées par M. Noël Valois, sont des documents officiels de forme épistolaire, et c'est en vue de cette catégorie de textes que les théoriciens du moyen âge rédigent leurs manuels. Un *cursus* m'avait été signalé dans d'autres textes analogues, bien antérieurs à la restauration de Jean Caetani et à la composition des *Dictamina*, entre autres dans des rescrits impériaux, que reproduit le code Théodosien. Alors que le caractère général du *cursus* m'échappait encore, l'idée me vint de dépouiller d'autres lettres officielles, les *Relationes* de Symmaque, écrites en 384-385. Puis, de ses *Relationes*, je passai à ses lettres privées; de ses lettres privées à ses discours. Je constatai bientôt que ni le caractère officiel ni la forme épistolaire, chez Symmaque, ne sont en cause dans

1. *Le Cursus ou rythme prosaïque dans la liturgie et dans la littérature de l'Église latine, du* IIIe *siècle à la Renaissance*. Cette note a paru d'une part dans la *Revue des questions historiques*, 1892, I, p. 253-261, d'autre part dans le *Compte rendu du congrès scientifique international des catholiques, 5e section, sciences historiques*, 1891, p. 103-109.

la question du *cursus;* les lettres privées sont exactement conformes aux *relationes*, et ce qu'on possède des discours est conforme aux lettres de toute nature. J'aurais pu d'ailleurs, à peu près avec le même profit, faire choix de quelque autre écrivain; en fait, ce fut l'ensemble des écrits de Symmaque que les circonstances m'amenèrent à examiner.

7. Naturellement, je me suis servi de l'édition à la fois très savante et très commode de M. Seeck[1], qui est une œuvre de grand mérite et qui offre pour le travail des ressources inappréciables[2]. J'ai pu y faire sans peine de longues et minutieuses recherches; j'y trouvais les difficultés aplanies d'avance. J'aurai à y signaler une faute grave (elle porte sur un simple détail), et j'aurai à insister sur cette faute; j'insiste d'autant plus sur la reconnaissance que doit à M. Seeck quiconque s'occupe de son auteur, et que je lui dois en particulier.

8. Je me figurais trouver dans Symmaque un *cursus* ryth-

1. *Q. Aurelii Symmachi quae supersunt, edidit Otto Seeck*, Berlin 1883. (*Monumenta Germaniae historica, auctorum antiquissimorum tomi VI pars prior.*) Tous les renvois donnés dans le présent travail se rapportent à cette édition. Une mention comme VI 7 signifie : fin de la lettre 7 du sixième livre. Une mention comme 6,7 signifie : septième ligne de la p. 6. — Depuis l'édition Seeck ont paru deux mémoires étendus sur Symmaque, celui de Schulze (voir la note suivante) et celui de Kroll (voir § 220, note). M. Kroll doit donner une édition nouvelle de Symmaque dans la *bibliotheca Teubneriana.*

2. Il manque malheureusement un *index uerborum.* Des éditions comme celles des *Monumenta* devraient toujours être accompagnées d'un *index uerborum* complet, qu'il serait aisé de faire faire par un étudiant en philologie bien stylé, et qui économiserait aux érudits du temps présent et de l'avenir beaucoup plus de peine qu'il n'en aurait coûté à son auteur. Dans un écrivain quelconque, l'établissement du texte n'a un caractère définitif que quand il est aisé de comparer rapidement et sûrement les passages parallèles; il en est ainsi particulièrement chez Symmaque, qui revient à certaines tournures presque comme à des formules. — Au point de vue historique, il est surprenant que la direction des *Monumenta* n'ait pas assuré aux *auctores antiquissimi* tout au moins des index des choses, analogues à ceux du *Corpus inscriptionum.* Cf. les regrets exprimés par M. Alfred Schöne, *Deutsche Litteraturzeitung*, 1884, p. 1724-1725, et par M. *A.E.* (Eussner), *Literarisches Centralblatt*, 1885, p. 202. Il faut lire Symmaque d'un bout à l'autre si on veut réunir, par exemple, les quelques passages relatifs à l'affaire des *mancipes salinarum* (§ 49) ou au voyage des ours de Symmaque (§ 59). — A défaut d'un *index uerborum* proprement dit, on peut souvent consulter avec fruit le travail de Schulze, *De Q. Aurelii Symmachi vocabulorum formationibus ad sermonem vulgarem pertinentibus* (*Dissertationes philologicae Halenses*, VI, p. 111-232.)

mique, analogue au *cursus* récent de la chancellerie papale; en réalité j'y trouvai un *cursus* métrique, fondé sur la prosodie et non sur l'accent. Le *cursus* de Symmaque est à celui du XIIe siècle ce que la versification classique est aux *rhythmi* du moyen âge. Et, comme les *rhythmi* sont nés des *metra* classiques, la prose rythmique de la chancellerie papale a dû sortir d'une prose métrique, ou pareille à celle de Symmaque, ou au moins analogue; prose métrique dont l'existence n'est d'ailleurs nullement conjecturale, car, on le verra plus loin, il est loisible de l'étudier directement dans les textes. Mais d'abord il faut préciser ce qui a rapport à Symmaque.

II

9. Symmaque a des fins de phrase très variées; le dernier mot, chez lui, peut avoir à peu près n'importe quelle forme métrique, pourvu que sa finale ne soit précédée ni de trois brèves consécutives, comme dans *hĭlărĭtas* (§§ 52, 71, 73), ni d'une longue entre deux brèves, comme dans *rĕlīquĕris* (§ 50; encore un mot comme *ēuŏcātĭo* est-il admis, § 113), ni de trois longues successives ou de l'équivalent, comme dans *ēlātō-rum, dēsīlĭēbat* (§§ 48, 102). Encore ces types se montrent-ils dans quelques exemples exceptionnels. Son euphonie est donc moins monotone que celle des bulles. Mais à côté de la liberté on trouve chez lui la règle, et une règle rigoureuse. Quelle que soit la forme métrique du dernier mot (ou, si la phrase finit par quelque chose comme *magnus-est* ou *non-uides,* la forme métrique du dernier groupe), elle détermine la forme métrique du mot précédent. Par exemple, un mot final comme *ēlātum* sera toujours précédé d'un trochée, ou, rarement, d'un tribraque, qui en est l'équivalent. Un mot final comme *ămīcum* sera toujours précédé d'un spondée. Un mot final comme *ārĭdōrum* sera toujours précédé d'un mot à pénultième brève.

10. Dans l'avant-dernier mot c'est la quantité que Symmaque considère, non pas l'accent. En effet il n'échange pas entre eux le trochée et le spondée, qui ont l'accent à la même place; *térrā̆* n'est pas échangeable avec *térrā.* En revanche, il admet que le trochée alterne avec le tribraque, qui place l'accent ailleurs; *éstis* est échangeable avec *éritis.*

11. C'est aussi la quantité qu'il considère dans le dernier mot. Un mot comme *hăbĭtōrum,* qui dans le *cursus* rythmique serait assimilé aux tétrasyllabes paroxytons *ārĭdōrum, ămīcōrum,* en est soigneusement distingué dans Symmaque ; en revanche, il est assimilé au trisyllabe *ēlātum,* dont il est l'équivalent métrique, et que le *cursus* rythmique traiterait tout autrement. Et tandis que Symmaque admet à la fin des phrases d'une part *hăbĭtōrum,* d'autre part *ārĭdōrum* et *ămīcōrum,* il en exclut presque absolument (§ 48) *ēlātōrum,* type semblable aux précédents par l'accent, mais dissemblable par la quantité.

12. Pour apprécier la rigueur avec laquelle Symmaque procède, il suffit d'examiner un des types principaux. Soit, par exemple, le type *ēlātum* dans des conditions bien définies, à savoir quand un mot de cette forme termine une phrase, et n'est précédé ni d'une finale élidable ni d'un monosyllabe. En fin de lettre[1] il y a 207 exemples de cette disposition; dans 204 l'avant-dernier mot fournit un trochée, par exemple *pauca dictare, amore dignaris, probitatis accedat, maeroris adferre, voluptate conpenses, impatienter exposcam, inprudenter elegi, sollemnitate redderis, remuneratione soluatis ;* dans les trois exemples restants le dernier mot est un tribraque, *aliquid optamus, citius excurras, merita praestabunt.* Ainsi, pas une seule des 207 fins de lettre n'est irrégulière. Et non seulement dans les fins de lettre, mais dans toutes les fins de phrase, et même de membre de phrase, Symmaque veille à ce qu'un mot final comme *ēlātum* ne soit jamais précédé d'autre chose que d'un trochée ou d'un tribraque. Dans les 339 grandes pages de l'édition Seeck j'avais examiné d'abord exclusivement les fins de phrase suivies d'une ponctuation autre qu'une virgule; six fois seulement, d'après la leçon commune des manuscrits, un mot final ayant la forme – – ⏑, et non précédé d'une finale élidable ou d'un monosyllabe, s'y présente dans des conditions irrégulières; cela fait en moyenne une difficulté en 56 pages, et il est bien probable que ces difficultés sont attribuables non à l'auteur, mais à ses copistes. — Ce n'est pas tout, car il ne faut pas oublier que les équivalents métriques du type *ēlātum* reçoivent le même traitement que lui, et appellent comme lui un trochée ou un tribraque.

1. Est considéré comme fin de lettre ce qui précède immédiatement soit la formule *uale,* soit une souscription comme celle de REL. 23.

Outre une multitude d'exemples à l'intérieur des lettres, on a en fin de lettre 98 exemples pour le type *ămŏuĕam,* 54 pour le type *hăbĭtōrum,* 14 pour les types complexes *ōs ōre, ōs ăgĕre, ĕt ămōris.*

13. Quand l'avant-dernier mot doit fournir un trochée, la règle principale ne paraît se compliquer d'aucune observance accessoire. De même quand il doit fournir un spondée, comme devant un mot du type *ămīcum.* Il en est autrement quand la règle veut que sa pénultième soit brève.

14. Devant un mot final du type *ārĭdum,* par exemple, l'avant-dernier mot a toujours la pénultième brève ; de plus, c'est généralement un disyllabe (sans pourtant que cela soit obligatoire) : *offendit dĕam sobriam, quia săpor dulcior,* etc. Au contraire devant un mot final du type *ārĭdōrum,* par exemple, l'avant-dernier mot a trois syllabes au moins : *aurĭum commodabo, dedĕrit pleniorem, uidĕar immorari, causationĭbus obstrepantur;* la seule exception, c'est que le polysyllabe peut être remplacé par un groupe formé d'un monosyllabe et d'un disyllabe, *non ferant, par fuit* (§ 55). Il y a là une rencontre remarquable entre la métrique de Symmaque et celle des poètes dactyliques. Dans Virgile, le dactyle cinquième peut être fourni soit par un polysyllabe, *tegmine, formosissimus,* soit aussi par un groupe trisyllabique comme *di quoque, det tua,* ou comme *non erit* (*Buc.* III 52); mais, sauf licence tout à fait exceptionnelle, il ne peut être fourni par une finale et un disyllabe, par exemple *[lu]cet uia.* Il est bien douteux qu'on puisse rendre compte, soit de la pratique de Virgile, soit de la pratique de Symmaque, par le principe si souvent illusoire de l'accent. Ni Virgile ne fait attention à l'accent, ni non plus Symmaque, dans la bouche de qui, pourtant, le son de l'accent était devenu tout autre. Ni Commodien, quand il termine son vers par *non erat ante* (*Carmen* 250) ou par *in noua lege, sub iugo mittunt* (283, 813). En tout cas le problème n'a rien de particulier à Symmaque; quiconque voudra le résoudre devra englober dans son étude à la fois la métrique de la prose et la métrique de toutes les époques de la poésie.

III

15. Si le *cursus* de Symmaque est purement métrique, comment tient-il au *cursus* rythmique du moyen âge? Pour le comprendre, il n'y a qu'à rapprocher ces deux *cursus* : on sentira bien vite que le plus récent est contenu en germe dans le plus ancien. Car d'une part les règles du *cursus* rythmique sont identiques aux plus importantes règles du *cursus* métrique, vues sous un autre jour, et d'autre part l'exclusivisme de la chancellerie papale, qui ramène les fins de phrase légitimes à trois types, est comme prédéterminé dans la prose de Symmaque.

16. Il subsiste de Symmaque environ 940 lettres, et par conséquent environ 940 fins de lettre, qui sont des fins de phrase particulièrement incontestables. Les plus nombreuses sont celles où le dernier mot appartient au type *ēlātum* et où l'avant-dernier mot fournit un trochée; il y en a, on l'a vu, 204. Ces 204 exemples du *cursus* métrique *ōrĭs ēlātum* se trouvent être, au point de vue rythmique, 204 exemples du *cursus planus* du XIIe siècle, *comitêtur honéstas*. Il y a en outre dans Symmaque 13 fins de lettre du type *ārās ămīcum*, où le trisyllabe final commence par une brève et où l'avant-dernier mot fournit un spondée; ce sont 13 nouveaux exemples du *cursus planus*. Quatre autres sont des fins de lettre du type complexe *ōrĭs ōs ōre*, décomposition du type *ōrĭs ēlātum*. Le *cursus planus* est donc représenté d'avance par 221 fins de lettre, tout compté.

17. Dans 199 fins de lettre, le dernier mot est du type *ārĭdōrum* et l'avant-dernier mot est un polysyllabe à pénultième brève; au point de vue rythmique, ces 199 exemples du *cursus* métrique *scripsĕris* ou *fuĕris ārĭdōrum* sont 199 exemples du *cursus uelox* du XIIe siècle, *circumstántias intuéri*. Si on ajoute 28 fins de lettre du type métrique *scripsĕris* ou *fuĕris ămīcōrum* et 36 du type métrique complexe *scripsĕris* ou *fuĕris ōs ămīcum*, cela fait en tout 263 exemples anticipés du *cursus uelox*.

18. Dans 158 fins de lettre, le dernier mot est du type *ēlātĭo* et l'avant-dernier fournit un trochée. Ces 158 exemples du *cursus* métrique *ōrĭs ēlātĭo* se trouvent être 158 exemples du *cursus tardus* du XIIe siècle, *moderatiône palpáuerit*. Il y a en outre 98 fins de lettre du type métrique *ōrīs āmŏuĕam*, 37 des types métriques complexes *ōrīs ōs ārĭdum, ōrīs ōs ăgĕre*. Total, 293 exemples anticipés du *cursus tardus*.

19. Après les trois types *ōrīs ēlātum, scripsĕris* ou *fuĕris ārĭdōrum* et *ōrīs ēlātĭo*, le plus fréquent des types métriques, au moins en fin de lettre, est *ōrīs ĭtĕrātum*. Celui-ci a péri, parce qu'il ne pouvait survivre à une transformation rythmique. Son équivalent rythmique eût été *circumstántes intuéri*: comment ce dernier eût-il pu subsister à côté du type du *cursus uelox*, le *circumstántias intuéri* cité plus haut? Il y avait incompatibilité; l'un devait laisser la place à l'autre, et c'est le plus faible qui devait périr; d'autant plus qu'il y a non seulement inégalité, mais disproportion entre les chiffres de fréquence, 54 et 263. Ainsi le type *ōrīs ĭtĕrātum* était condamné. — Il est inutile de s'en préoccuper à propos du *cursus* postérieur[1].

20. Des types qui restent, le plus fréquent est *mĕī fēcĕrit;* il n'est représenté en fin de lettre que par 25 exemples, auxquels il faut ajouter trois exemples du type *mĕī făcĕre :* total 28. Ensuite le type *ōrīs ĭtĕrātĭo*, 15 exemples. Pour aucun autre le nombre des exemples en fin de lettre ne dépasse la demi-douzaine. Les types qui sont rares dans Symmaque sont donc précisément ceux que la rythmique récente a sacrifiés. Elle a gardé les types représentés dans les fins de lettre de Symmaque par les nombres 293, 263, 221; elle a éliminé, par nécessité, celui que représente le nombre 54; elle a laissé se perdre ceux que représentent les nombres 28, 15, 6 et au dessous. Ces comparaisons de chiffres suffiraient à faire deviner que la prose rythmique du XIIe siècle doit être une transformation de la prose métrique, à peu près telle que nous la voyons à la fin du IVe siècle dans Symmaque. Elles pourraient presque passer pour une sorte de démonstration préalable.

1. Outre le motif statistique, il y avait un motif métrique qui assurait l'absorption du type *hăbĭtōrum* par l'attraction convergente des deux types *ārĭdōrum, ămīcōrum*. C'est que, dans aucun mot du type *hăbĭtōrum*, la quantité des deux premières syllabes n'était indiquée par l'orthographe; les erreurs de prosodie étaient donc faciles. Au contraire, même aux époques les plus barbares, on n'a jamais pu se méprendre sur la longue initiale d'*abstulisse* ou *praetulisse*, sur la longue seconde de *reformare, oboedire*. D'une façon générale, les longues ont une prosodie plus stable que les brèves, et surtout, les types caractérisés par des longues ont plus de chance de ne pas périr. Cf. ci-dessous § 22.

21. Quant à la démonstration proprement dite, elle se fait de la façon la plus directe; on n'a qu'à jeter un coup d'œil sur les textes d'où le chancelier Jean Caetani, vers l'an 1100, a tiré son *cursus* rythmique. Ces textes sont les lettres des anciens papes, et en particulier celles de saint Léon le Grand, qui le fut de 440 à 461. Le *cursus* qui, sous Urbain II, fut introduit (ou, à ce qu'on croyait, réintroduit) par Jean Caetani, est appelé dans le *Liber pontificalis* le *cursus Leoninus*. C'est dans Léon que les prosateurs rythmistes croyaient trouver le modèle de leurs combinaisons de paroxytons et de proparoxytons, et, quand ils se réglaient sur l'accent et faisaient abstraction de la prosodie, ils se figuraient que Léon avait procédé de même. Il y avait là une illusion, qui a été partagée par les érudits modernes, mais que dissipe un rapprochement entre la prose de saint Léon et la prose de Symmaque.

22. Les deux écrivains ne sont pas précisément contemporains, mais Léon était déjà né quand Symmaque mourut; il est donc naturel qu'il soit imbu des mêmes principes littéraires. Effectivement, le *cursus* qu'il observe est métrique et non rythmique; c'est la prosodie et non l'accent qui le guide, soit dans ses lettres, soit dans ses sermons, comme c'est la prosodie qui guide Symmaque dans ses lettres et dans ses discours. Dans les diverses parties du tome LIV de Migne, qui contient les sermons et les lettres de saint Léon le Grand, j'ai recueilli au hasard 120 phrases terminées par un mot du type *ēlātum;* il ne s'en est pas trouvé une seule où l'avant-dernier mot ne fournît un trochée correct : *tacērĕ diuina, referātŭr auctoris*, etc. Toutes les fois que l'avant-dernier mot est de la première déclinaison, on peut être sûr d'avance qu'il est au nominatif : *mensūră donorum, causă peccati...* Toutes les fois que c'est un génitif de la troisième déclinaison, on peut être sûr que le dernier mot commence par une voyelle : *peregrinationis absentem, administrationis adiutor...* Au hasard aussi (et suivant un autre hasard), j'ai recueilli 63 phrases terminées par un mot du type *hăbĭtōrum*. Ici la régularité est moins parfaite que pour le type *ēlātum*, parce que les chances d'erreur prosodique portent sur deux syllabes et non sur une seule, et surtout pour une autre raison. C'est (voir § 19, note) qu'il est plus facile de se méprendre sur des brèves, impossibles à reconnaître d'après l'orthographe, que sur des longues, souvent signalées comme telles par un groupe de consonnes, comme dans *absentem, peccati*, ou par une diphtongue, comme dans *causarum, praefertur*. Néanmoins, 55 des 63 exemples ont devant le mot final un trochée, et un 56e exemple a un tribraque; un 57e et un 58e deviennent corrects si on y corrige des lapsus de copistes[1]. Il est clair que Léon, comme Symmaque, entend distinguer les mots du type *hăbĭtōrum* de ceux du type *ārĭdōrum* et du type *ămīcōrum*, devant lesquels il place toujours un polysyllabe à pénultième brève. Ce n'est pas ainsi que les choses se passent au temps des bulles rythmiques. Il n'y a donc pas, comme on l'a cru au moyen âge et dans les temps modernes, identité des deux *cursus* des papes. En revanche, il y a unité du *cursus* antique. Le *cursus* primitif est chose purement grammaticale, comme la syntaxe; il n'a rien à démêler avec le pontificat, et il est pratiqué de même par tous les prosateurs instruits, qu'ils doivent devenir illustres comme chefs de l'Église ou comme champions du paganisme.

23. On se demandera comment les théoriciens du XIIe siècle, à commencer sans doute par Jean Caetani, ont pu se méprendre sur le caractère du *cursus Leoninus*. Il est probable qu'ils auront été induits en erreur par des fins de phrase fautives, éparses soit dans les lettres de saint Léon le Grand lui-même, soit dans celles des papes de date voisine[2]. Ayant examiné quelques lettres de ses successeurs immédiats dans le recueil de Thiel, *Epistolae Romanorum pontificum genuinae*, j'ai recueilli au hasard 70 phrases terminées par un mot du type *ēlātum*; dans 67 ce mot était précédé d'un trochée correct; dans les trois autres le trochée était fautif, *uidērēs exposci, orīrī luctamen, tŭă cognoscat*. Pour la critique d'aujourd'hui, ce ne sont là que des fautes de prosodie, analogues à celles des poètes d'alors. Mais il se trouve que, vus du point

1. *Succurrerit alienae, Serm.* XI 1 : lire *succurrit. Propheta Dauid manifestat,* XVII 3 : ôter la glose *Dauid.* — L'initiale d'*adhibete* (*Epist.* 160,1) a probablement été allongée parce qu'on traitait *dh* comme un groupe de consonnes; celle de *reperiri* (*Ep.* 163), par suite d'une confusion avec le parfait *repperi*. Des trois exemples divergents qui restent, deux paraissent contenir une prosodie franchement fausse, très excusable pour le temps : *fāmuletur, Epist.* 162,2; *dūbitare,* 156,1. Le troisième, *misericordiam Dei mereamur* (*Serm.* XV 2), pèche contre le *cursus* en général, qu'on le suppose métrique ou rythmique.

2. Je ne crois pas qu'ils aient simplement remarqué et imité les cadences perçues par leur oreille, celles de l'accent. S'intéresser à de telles choses n'est possible qu'à des esprits grammairiens, et, à cette date, des esprits grammairiens ont dû se poser la question : *Rhythmus* ou *metrum* ?

de vue rythmique, *uidéres, oríri, túa* fournissent des trochées d'accent. Qu'on se laisse prendre à cette apparence, et que par suite on transforme les fautes en exemples, ce qui est une erreur ordinaire au moyen âge, la prose métrique deviendra très naturellement une prose rythmique. Le *cursus Leoninus* sera faussé, et, sans s'apercevoir de la différence, on aura passé au *stilus Gregorianus.*

24. Si le vrai *cursus Leoninus* est un système de prose métrique, il ne faut plus s'attendre à trouver de la prose rythmique dans saint Cyprien; effectivement, il y aura lieu de reprendre les indications d'ailleurs très précieuses de M. l'abbé Couture, et d'en modifier légèrement la forme, de façon à rendre au mètre ce qui a été attribué au rythme. Bien d'autres prosateurs se prêteront d'ailleurs à une étude métrique. Le système de Symmaque se retrouve chez les panégyristes comme Mamertin ou Eumène. Après lui il se retrouve chez Sidoine, qui se donne lui-même comme son disciple en matière d'euphonie, et chez Ennodius, écrivain un peu plus difficile à étudier, parce qu'en prose comme en vers il laisse échapper des fautes de prosodie assez grosses. Mais ce n'est pas tout; la prose métrique n'est pas spéciale aux écrivains païens ou chrétiens des bas siècles. Il y en a déjà une, parfaitement définie, dans les lettres de Pline le jeune. Bien mieux, elle est au moins à demi formée dans les discours de Cicéron, qui prend très au sérieux les préceptes d'euphonie énoncés par lui-même dans ses écrits rhétoriques; je me borne pour le moment à ces indications sommaires.

IV

25. Le système de prose métrique pratiqué par Symmaque n'intéresse pas exclusivement la théorie. Toute règle observée par un ancien doit devenir pour la critique moderne un instrument. Les observances métriques d'un poète, par exemple, servent à la critique de la langue qu'il parle, à la critique de ses connaissances ou de ses idées en grammaire. Quand Ennius donne au vieux mot *duellum* une syllabe de trop, il laisse voir qu'il a puisé ce mot dans les livres et non dans la tradition orale, et que, tout grammairien qu'il est, il est sujet à tomber dans les pièges de l'orthographe. Quand Virgile évite d'employer *cornu* ou *genu* au nominatif-accusatif, il avoue implicitement qu'il n'a pas de doctrine arrêtée sur la quantité de l'*u*. Si la métrique est instructive à ce point de vue chez les poètes, elle doit l'être aussi chez les prosateurs qui ont une métrique; elle l'est en effet chez Symmaque. On peut constater par la métrique de sa prose (en partant des règles de métrique qui seront exposées plus loin) qu'il donne à *tuere* la pénultième longue, et que par conséquent il part de *tueor*, et non de *tuor* comme Plaute, Lucrèce, Catulle, Stace[1]; qu'au génitif des substantifs en *-ium* il emploie ordinairement la finale *-ii*[2]; qu'en tel passage il choisit *nil* de préférence à *nihil*, ou inversement[3], *desiuit* de préférence à *desiit*[4], *aperibat* de préférence à *aperiebat*[5], *nouerunt* de préférence à *norunt* (III 79), ou inversement *orarunt* de préférence à *orauerunt* (§ 48), qu'il ne contracte pas les diverses formes de *prehendere*[6], qu'il dit *periculum*

1. *Exemplum tuere* 107,7. Effectivement on trouve *passim* dans Symmaque des formes comme *tueor, intueri*.

2. *Messis ingenii* 4,14, *adsiduitate conloquii* 19,24, 90,19, *similitudo iudicii* 65,15, *auctoritate iudicii* 68,23, *auarus officii* 37,3, *familiaris officii* 37,26, *praesentis officii* 39,6, *recentis officii* 73,5, *frequentioris officii* 79,25, *reddar officii* 79,29, *admonearis officii* 85,5, *frequentis officii* 94,20, 127,16, *communis officii* 101,13, *uincit officii* 111,29, etc.; *otii repensatur* 6,27, *aerarii reposcebat* 29,26, *pretii retentabant* 129,22, etc.; *silentii transigamus* 8,3, *silentii mordeamus* 30,7, *silentii diluisse* 71,27, *silentii deferamus* 97,9, *gaudii praestitisti* 76,5, *testimonii proueniret* 80,31, *infortunii strangulatur* 115,17, etc.; *negotii spes recumbit* 33,16, *silentii mei* 17,11, *praemii tui* 126,29, *officii diligentia* (§ 113). Sur *silentii* ou *-ti* v. § 50, sur *gaudii* ou *-di* § 69, sur *testimonii* ou *-ni* § 124 n.

3. *Nihil profuit* 281,12 (§ 41,3). *Intellegitis nil licere* 281,5 (§ 41,2; corriger la faute *gloriam nihil licere* 290,9). *Ordinem nil negamus* 336,36.

4. *Esse desiuit* 325,31; de même *iure transiuit* 302,24, *obsecutus audiui* 306,15, *senatus audiuit* 26,4, 38,29, *inuitus audiui* 48,3, *adsciuit interpretem* 42,14, etc. Autres indications sur les parfaits : *geramus audistis* (et non *audiistis*) 8,1, *ante quaesisti* 36,20, *locuta desisse* 110,9, *ante nescisse* 324,36. *Commune prodidisset* 297,10 est à corriger en *prodisset* (et non *prodiisset*); le père de Symmaque écrit de même *adiectione condisse* 3,6. *Annos redisse* 182,33. Sans syncope, *nouerat credidisse* III 39, *nouerant non licere* 334,28, *inpleueris ius amici* I 47, *negaueris quae reposco* VII 131, *ignoueris qua uocasti* 40,21; à la fin des phrases les copistes écrivent *remeaueris* II 34 (?), *animaueris* V 89, VIII 39, *requieuerint* VI 47, *celebrauerit* VII 65, *reparauerit* IX 95, *curaueris* I 62, *mutauerit* II 6, *seruaueris* IV 65, *limauerit* VI 74, etc.; ils écrivent *litterae prouocarint* VII 73, où les manuscrits interpolés ont *prouocauerint, solacium denegaris* VIII 52, *ueteris amputarit* REL. 46. Sur les formes finales comme *secundauerit* v. § 115; sur les syncopes comme *inplesse, mitigasset*, § 48, § 119; sur *praeteristi*, § 48. *Valetudinem meam nostis* 154,28, *animum meum nosti* 230,14.

5. *Ianus aperibat* 9,9. Cf. *desilibat*, ci-dessous § 48.

6. *Piscium deprehendi* 10,16; etc. Pour *reprehendere* cf. la note 7 des p. 14-15.

facerem 209,14-15 (où *periclum* est une mauvaise variante), mais *uincla describeret* 295,10 (sur un *saeclorum* à restituer, v. § 59). En ces matières, l'orthographe des copistes est ordinairement conforme à la métrique de l'auteur ; on hésitera donc à remplacer par des infinitifs archaïques en *-ier*, nullement invraisemblables en eux-mêmes chez un écrivain qui trouve élégant d'appeler le Nil *Melo*, quelques infinitifs en *-ī* qui font difficulté. Symmaque, comme l'a remarqué M. Schulze p. 197, semble employer toujours *munerari* sous forme déponente, même là où certains manuscrits donnent *muneret*[1]. Il fait bref, en prose, et contrairement à la pratique de Virgile, l'*o* des premières personnes, des impératifs futurs, des nominatifs, du duel, des adverbes, des gérondifs[2]; il fait long l'*e* de la troisième personne plurielle du parfait en *-erunt* (il use à peine de la finale *-ere*, § 91) et l'*i* des subjonctifs parfaits et des futurs antérieurs[3]; il abrège l'*i* des génitifs pronominaux[4]. Il traite les groupes *gr*, *br*, comme allongeants dans *migrare*, *exprobrare*[5], mais son père ne traite pas ainsi *gr* dans *epigramma*, ni lui-même *br* dans *celebrare*, *dr* dans *quadriga*[6]; quant aux groupes *cr*, *tr*, *pr*, *pl*, ils n'allongent presque jamais[7]. Symmaque prononce

1. *Vicissitudine muneret* ou *muneretur* VIII 43.

2. *Opto conplecti* I 11, *habeo conpertum* 22,23, *memento cessisse* 193,27, *sermo commendet* V 23, *nemo defendat* 323,5, *ambo cessetis* IV 50, *uero prolixior* I 103, *sero curatum* 108,33 (cf. 144,30, 180,14, 320,38), *aliquando sumpsissem* 148,25, *dissimulando responsa* 256,17, *consulendo quam ceteris* 322,30. — Symmaque n'abrège jamais l'o des datifs et ablatifs, mais il a rarement l'occasion d'en montrer la quantité longue : on peut citer *accepto ferendum* 257,11. *Exemplo* 274,36 : voir § 174.

3. *Referre nouerunt* III 79, *honoris dederunt* 259,16, *primum dederunt* 260,34, etc. ; *operis sumpserimus* VIII 42, *uigilias duxeritis* 24,23, etc.

4. Du moins j'ai noté *sedis alterius* 146,13, *partis utriusque* 155,33, *istius ducem* 316,3, *totius ordinis* 267,28. *Istius testimonii* 64,15 n'est pas nécessairement une fin de phrase.

5. *Gaurana migramus* 221,27, *aegritudine remigrauit* 8,13, *animus remigrauit* 198,26 (c'est la prosodie de Virgile). *Adsiduitatis exprobrem* 12,5, *adsiduitatis exprobras* 120,25, *exprobro quod uicta es* 326,10, *exprobrat officia* 189,8 (*probrum*, *exprobrare* ne sont pas dans Virgile ; Symmaque suit la prosodie d'Ovide). Sur *pigritia* voir ci-dessous § 71.

6. *Delegamus epigrammata* 4,9. *Suggerenda celebrauerit* VII 65, *translata celebremus* IX 82, *laude celebrarunt* 36,26, *ore celebrari* 38,7, *ordo celebrauit* 333,6 ; — *mercandas quadrigas* 120,6, *Laudicianorum quadrigas* 120,13 (Virgile n'allonge ni *celebrare* ni *quadrigae*).

7. *Credo recreari* 19,25, *sede recreemur* 175,2, *alacri cucurrissem* 134,6-7, *seminolucrum puellarum* 24,11, *neglectorum sacrorum* 44,24. *Inuitum retraxit* 40,30, *retrahat haerentem* 184,25, *arbitris otiabar* 4,24, *arbitros placet* 80,5,

adiicere et non *adicere* (ci-dessous § 71) ; il évite de mettre devant *sc, st, sp* une finale devant compter comme brève (§ 205). Il se trompe sur l'*o* long de *praestōlari* (§ 48), peut-être sur l'*a* long de *suffrāgium* (ci-dessous § 102); en tout cas sur celui de *măcerare*, qu'ont abrégé aussi, et cela en vers, Priscien et Juvencus[1]. C'est qu'il se souvient mal à propos de l'adjectif *măcer*, et qu'en outre *macerare*, qui a été employé dans des vers dactyliques par Lucrèce, César, Ovide, et dans des vers lyriques par Horace, ne se trouve nulle part dans Virgile, le poète que tout le monde savait par cœur et qui servait de *gradus* aux gens de lettres[2]. Comme Ausone en vers, il abrège *inpăr*, dont il aurait dû connaître la vraie prosodie par un vers de Virgile[3]. Il semble allonger *uădimonium*, sur lequel Virgile ne renseigne pas[4]. Symmaque, en toute occasion, allonge à tort l'*o* d'*ŏmittere*[5]. C'est un mot étranger au vocabulaire de Virgile. La vraie quantité d'*omittere* était indiquée jusqu'à sept fois par les *Satires* et *Épîtres* d'Horace, mais ces œuvres fami-

arbitror eligendos 168,3, *partis utriusque* 155,33, *patri debitum* 23,4, *antepono patrimonio* 52,12, *longinqua penetrauit* 120,4, *longinqua penetrarem* 265,31. *Digna reprehensio* 2,21, *potuisse reprehendi* 100,26, *nolle reprehendi* 172,17. *Epicam disciplinam* 4,21, *duplum soluerim* 175,29, *scripta duplicaui* 89,27, *acerbitate duplicastis* 153,28, *nota replicare* 162,1, *honore locupletes* 268,20. Sur *ludicrorum, consecratus, patronus, impetrare*, etc., voir ci-dessous § 48. — Allongement dans *musa Cecropia* 221,3 : ne pas s'étonner de cette exception, car telle est la prosodie nécessaire de Virgile et de tous les dactyliques. De même dans *mediocre documentum* 236,15. *Detorsisse mucrones* 319,19 : la syllabe est probablement longue par nature, et, en tout cas, les poètes la font toujours longue.

1. Priscien, *Periegesis* 1066. Juvencus II 385. Symmaque : *ablegatione maceraueris* VIII 19, *producta macerabat* 165,23, *macerat absentia* 171,3, *diuturnitate macerari* 216,8.

2. L'imitation *prosodique* de Virgile et des autres poètes par Symmaque aurait dû être l'objet d'un chapitre de plus dans le travail de M. Kroll, s'il avait pu soupçonner que son auteur écrivait en prose métrique.

3. *Aen.* XII 216. *Inpăr* Ausone XXVI 2,54 Schenkl. Symmaque : *inpar officiis* 103,10, *inpar eueniet* 306,30. *Inpăris* était trompeur.

4. *Locupletissimum uadimonium* 47,21, à la fin d'un simple membre de phrase. *Vādere* était trompeur.

5. *Petentis omisit* VII 82, *libenter omitto* 11,25, *parentis omittam* 98,14, *locatus omittis* 129,21, *uiderer omissus* 151,2, *deside<ra>retur omissum* 178,6, *securus omittas* 225,26, *commendationis omitto* 233,29 (*iuratus omittas* 121,2 : il semble qu'il faut accepter la correction *emittas*). A coup sûr, aucune de ces fins de phrase n'était une « fin de vers »! *Iratus omiserit* 38,25, *rebus omisimus* 54,7 (où Suse conjecture *amisimus*), *electionis omiserim* 118,9.

lières ne s'imposaient pas suffisamment à la mémoire. Quant aux *Odes*, elles fournissaient un seul exemple d'*omittere*, et justement un exemple trompeur. C'est le vers ennéasyllabe alcaïque *Omitte mirari beatae* (III 29,11); les ennéasyllabes commençant ordinairement par une longue, celui-ci constitue une des rares exceptions; il était propre à égarer et non à guider. — Symmaque allonge peut-être le préfixe de *refero*, par confusion momentanée avec l'impersonnel *refert* : *posse referri* 72,6[1]. Son ami Ausone a commis la même faute en vers (*Sept. sap.* 171); là le *deferunt* donné par un manuscrit du XIVe siècle est une correction conjecturale, tandis que la leçon authentique *re-* est donnée par un manuscrit du commencement du IXe siècle. Symmaque allonge correctement l'initiale de *reciderunt* (c'est à dire *recciderunt*) 71,10; cf. § 51. Il allonge aussi celle de *reieci* (c'est à dire *reiieci*) 161,19, celle de *retulisse* ou plutôt *rettulisse* (§ 59). De même la pénultième de *fortuitus* 71,25, 207,22. Il abrège la seconde syllabe de *patefecerit* 120,14, *patefecit* 244,5, 268,25. Voir encore pour la prosodie : *adagium* § 51, *continari* § 48, *fauisor* § 53, *neuter* § 56, *palam* § 106, *urguere* § 41,5 note.

26. La métrique montre que Symmaque considère les locutions telles que *huiusmodi* comme formant un mot unique[2]. De même *quodammodo* (§ 216, note). — *Satis facere* en deux mots? voir §§ 52, 115.

27. La métrique est utile à la critique verbale comme à la grammaire. Chez les poètes, quand l'établissement du texte présente aux modernes une difficulté, on la résout souvent par la métrique des vers; chez Symmaque, c'est la métrique de la prose qui aidera à choisir entre les variantes, à préciser le diagnostic d'une faute mal définie, à découvrir une faute qui passait inaperçue, ou, au contraire, à réhabiliter contre des soupçons arbitraires une bonne leçon des manuscrits. Elle offre des critères auxquels M. Seeck n'a pu songer dans son édition de 1883, et qui permettent d'améliorer plus d'un endroit de son texte. On verra plus loin un bon nombre de ces applications.

28. Un exemple important se trouve dans la lettre de Sym-

1. Pourtant le préfixe est bref dans *grates referrem* 231,16. Faudrait-il corriger : *nec ignoro : multa inuicti animi exempla* possunt *referri?*

2. *Huiusmodi scriptione* 38,12, *agitur eiusmodi* 311,31, *agitur eiusmodi est* 122,8, *petitionis huiusmodi est* 247,22.

maque à Ausone sur sa *Moselle*. Là, devant le mot final *reddidisti* (10,11) les *Monumenta Germaniae* suppriment *Fucino*, que les copistes de Symmaque avaient respecté (tandis que les copistes d'Ausone remplacent ce mot par *Tiberi*[1]). C'est corriger étrangement; la prétendue correction remonte d'ailleurs à près de trois siècles; elle est de Juret. Alors une erreur de méthode était excusable; aujourd'hui on est moins disposé à supposer sans preuve l'intrusion d'un nom propre rare. Il semble surtout que, dans une collection destinée à un public d'historiens, un nom géographique devait être traité avec une circonspection particulière ; mais le savant M. Seeck (j'ai dit plus haut en quelle grande estime je tiens son œuvre) ne s'est pas plus soucié de celui-ci que d'un verbe auxiliaire ou d'une particule explétive[2]; il le cache dans le fatras des variantes banales, et, ce qui semble à peine croyable, il en efface le souvenir jusque dans son index des noms propres[3]. *Fucino* a disparu de même dans le texte et dans l'index de l'*Ausone* de M. Schenkl, qui contient la lettre de Symmaque[4]. Dans une lettre de Sidoine aussi le nom du Fucin, qu'avaient conservé fidèlement les manuscrits, a disparu du texte de l'édition Lütjohann[5]; il paraît avoir été poursuivi dans les

1. *Tiberi* est une glose rectificative (rectificative à rebours), substituée au mot original. De même une glose interprétative *Nilo*, dans les manuscrits d'Ausone et dans les manuscrits d'extraits de Symmaque, a supplanté l'archaïsme bizarre *Melone*, que l'écrivain avait sans doute choisi pour l'amour de son trochée final.

2. Sauf pour en tirer une conclusion (nécessairement inexacte) sur les connaissances géographiques d'un prétendu interpolateur : préface, p. XXXVIII.

3. Quand même il aurait été démontré que *Fucino* vient d'interpolation, il devrait figurer dans l'index, car l'œuvre de l'interpolateur constituerait un document géographique.

4. M. Schenkl, dans l'apparat, exclut la leçon originale *Fucino;* dans le texte, il met, entre crochets, la glose *Tiberi*. — Non seulement *Fucino* vaut mieux, mais *Tiberi* est en lui-même une variante insoutenable, qui n'a une apparence de sens que grâce à la faute *clariorem* (voir plus loin). *Clariorem Tiberi* est incompatible avec le texte du poème d'Ausone, *si tibi, dia Mosella, Smyrna suum uatem uel Mantua clara dedisset, Cederet Iliacis Simois memoratus in oris Nec praeferre suos auderet Thybris honores.* Une telle invite eût été saisie par le courtois Symmaque, et il n'eût pas manqué de dire : Le Virgile qui manquait à la Moselle, c'est toi. D'autant plus que, sans prétexte particulier, il ose adresser à son ami ce compliment écrasant : *hoc tuum carmen libris Maronis adiungo.*

5. *Epist.* I 5, p. 8,2 : (*fluenta*) *uitrea Fucini* (la conjecture *Velini* est de M. Mommsen), *gelida Clitumni, Anienis caerula, Naris sulpurea...*

Monumenta Germaniae par une malchance spéciale. Du moins l'index du *Sidoine* avertit, et, grâce à cette précaution, la leçon authentique ne risque pas d'être ignorée. Mais c'est dans le texte même qu'elle doit être rétablie, et chez Sidoine et chez Symmaque. Tous deux nomment le Fucin parce que tous deux entendent, d'accord avec Virgile[1], citer comme un modèle de limpidité ce lac, ou plus exactement cette rivière translacustre, qui fournissait à Rome l'*aqua Marcia*[2]. Sans doute la phrase de Symmaque présente une difficulté et semble appeler une correction; je ne résiste pas à la tentation d'y modifier un vulgaire adjectif, *clariorem*, qui deviendra *puriorem*[3]; mais le nom propre doit être défendu avec énergie, non seulement parce que la radiation d'un tel mot, dans une édition contemporaine, est une faute grave contre la méthode, mais parce que le procédé sommaire de M. Seeck est aggravé par son système de silence. Une fois la question posée, il est peu probable qu'on la trouve douteuse. En tout cas, si l'esprit éprouvait ici quelque trouble, il serait mis en repos par la

1. *Vitrea te Fucinus unda, Te liquidi fleuere lacus* (*Aen.* VII 758). — *Viridi quem Fucinus antro Nutrierat* Silius IV 344, où on lisait jadis *uitreo*.

2. Pline l'ancien : XXXI 41, II 224. *Fucinus* est tantôt le lac, tantôt la rivière translacustre. Virgile distingue le lac du *Fucinus; l'antrum uiride* de Silius est le séjour classique des dieux Fleuves; Sidoine attribue au *Fucinus* des *fluenta*, comme au Clitumne, à l'Anio et au Nar. C'est sans doute la rivière que Symmaque entend nommer à propos de la Moselle, et à côté du Nil et du Don. Mais eût-il eu en vue le lac, on n'aurait nullement à s'en étonner, car d'une part il ne s'agit que de la qualité des eaux, d'autre part Ausone avait invité ses lecteurs à comparer la Moselle à toutes les variétés de masses d'eau, y compris les lacs (et même y compris les mers; voir ses vers 27-32).

3. Le *p* est soumis dans les manuscrits de Symmaque à des altérations assez insolites (§ 80 n.). — Voici le texte : « hunc tu mihi inprouiso clarorum uersuum dignitate, Aegyptio Melone maiorem, frigidiorem Scythico Tanai, clarioremque hoc nostro populari Fucino reddidisti. » *Clariorem* y est trop près de *clarorum*. Ce mot, d'ailleurs, est impropre par dyssymétrie; les vers d'Ausone ne peuvent pas avoir exagéré d'une même façon deux choses disparates, d'une part certaines qualités de la Moselle qui sont en elle-même, sa grandeur et sa fraîcheur, d'autre part un avantage dont ces vers précisément seraient l'unique cause, sa célébrité. Ce n'est pas tout : *clariorem* jure avec le terme de comparaison choisi, fût-ce le Tibre (nommé ou sous-entendu); s'il y a au monde un fleuve *clarus*, c'est le Nil, que Symmaque devrait nommer une seconde fois. Enfin *clariorem*, avec son sens usuel, ne s'explique pas par le contenu réel du poème d'Ausone. On ne pourrait le conserver qu'en traduisant « plus limpide »; la limpidité est une des qualités qu'Ausone vante le plus dans la Moselle.

métrique ; elle exige (§ 9, § 54) que *Fucino* subsiste devant *reddidisti*, et elle prononce d'une façon irrévocable, donnant raison aux copistes consciencieux contre l'éditeur trop prompt en besogne.

29. En ce qui touche la critique verbale, la métrique aura un rôle particulier à jouer à propos des discours. Comme l'indique M. Seeck, ils semblent se présenter dans le palimpseste sous une forme assez insolite. Le copiste, à chaque instant, juxtapose deux rédactions d'une même phrase ; on peut supposer qu'elles ont été successivement adoptées par l'auteur lorsqu'il a élaboré deux éditions distinctes de son œuvre. A chaque instant donc le philologue est invité à dissocier des portions de texte que le manuscrit donne pêle-mêle. M. Seeck a entrepris de faire ce triage, et il en rend les résultats sensibles aux yeux par l'emploi de deux sortes de caractères. Pour vérifier un travail si délicat, où il a été dépensé tant d'ingéniosité et où forcément il reste tant d'incertitudes, on trouvera profit à user d'un critère nouveau[1].

30. Dans les lettres, les problèmes de critique verbale qui se posent sont tout autres, mais là aussi la métrique donnera une multitude d'indications utiles. Parfois, pour en tirer parti, on devra avoir présentes à l'esprit les lettres qui existent sous une double forme. Le cas se présente deux fois seulement, mais n'en est pas moins instructif, et je crois devoir citer les deux couples de lettres in-extenso. La comparaison fait voir d'abord que Symmaque, pour certaines lettres de recommandation ou de politesse, ne se donnait pas la peine de composer un texte nouveau et d'imaginer à grand'peine des gentillesses nouvelles; il prenait un double d'une de ses lettres antérieures, y changeait les noms propres et les formules de courtoisie, et s'arrangeait pour que ces modifications ne fussent pas préjudiciables à la métrique.

31. Mais, en dehors de cette remarque générale, le second couple de lettres donne lieu à des observations qui ont leur importance spéciale pour la critique de détail. Dans la dernière phrase de la lettre III 40 Symmaque avait écrit *ad perseuerantiam litterarii muneris;* au lieu de ces mots, la lettre

1. M. Seeck était dans son droit, en 1883, quand il supposait une incise terminée par *nomine purgandi* (319,24); dès maintenant il est indispensable de chercher une autre conjecture. De même pour *recessus confugient* 319,3, pour *auro fraudamus* (ci-dessous § 80, n.).

v 1 porte *memoris animi ad perseuerantiam*. Ceci prouve deux choses : d'abord que Symmaque, en remplaçant *muneris*, eut soin de choisir un autre polysyllabe à pénultième brève, *animi*; ensuite que la substitution fut faite par voie de surcharge, et que l'obscurité de la disposition matérielle induisit le secrétaire de l'auteur à une interversion, qui nuit au sens. De même, un peu plus haut, *in summam pono laetitiae* devient *in summa pono gratia*[1] (ce qui entraîne plus loin le changement de *gratiam* en *laudem*). Or *pono gratia* est métriquement défectueux (ci-dessous, § 74); Symmaque a certainement voulu l'ordre *gratia pono*. Le secrétaire s'est encore trompé sur la surcharge, et a mis *gratia* à une place qui convenait à *laetitiae*, mais qui ne convenait plus à *gratia* lui-même[2].

32. Ce qu'a fait ici Symmaque, ce qu'ont fait ici ses secrétaires, ils ont dû le faire souvent. Si nos deux couples de lettres se sont conservés, c'est que, lorsque Symmaque le fils publia la correspondance de son père, il ne fit pas attention au double emploi. Pour beaucoup d'autres billets il n'a sans doute laissé subsister qu'une seule rédaction, alors qu'il en avait entre les mains deux ou même plusieurs, et, quand celle qu'il a gardée n'était pas la rédaction primitive, elle peut contenir des interversions nées des surcharges. D'où cette conséquence, que les philologues doivent s'enhardir à corriger par interversion les fins de phrase boiteuses, toutes les fois qu'il s'agit d'une lettre banale; or Symmaque n'en écrit guère d'autres. — Voici les textes en question[3] :

II 67 : parua est commendatio scriptorum meorum, *si Leontium* familiarem meum *innocens uita* bonis quibusque *conciliat*. suo igitur praeditus merito, *commendationis adminicula non requirit*, et tamen abstinere non debeo tali genere litterarum, magis

VII 53 : parua est commendatio scriptorum meorum, *cum Eusebium* familiarem meum *uita innocens et annosa militia* bonis quibusq. *conciliet*. suo igitur praeditus merito, *testimonium pro se meum non ambitum postulauit*, et tamen abstinere non debeo tali genere littera-

1. Ne serait-ce pas plutôt *in summam pono gratiae?* — III 40 a *oblatum uigorem*, V 1 a *suppetere optatum uigorem* (suivant *P*; *V* donne *oratum*); je croirais que les deux lettres originales présentaient l'une et l'autre *suppetere oblatum* (cf. *oblata* 174,9, et, dans les *Relationes*, *oblatis* 293,8). — Sur une différence entre les lettres II 67 et VII 53, assez curieuse en elle-même, mais qui n'intéresse pas la métrique, v. § 213, n.

2. Il résulte de ces observations que la lettre III 40 a été écrite avant V 1, et non inversement.

3. Les *italiques* indiquent les endroits où il y a divergence. Le système de ponctuation est celui qui est expliqué ci-dessous, §§ 35 et 37.

ut *amicitiae* satis faciam, quam ut *ei aliquid opis conferam. tu tamen pro dignatione qua clarus es, facito nouerit gratiam sui meo quoque nomine esse geminatam.* uale.

rum, magis ut *fidei* satis faciam, quam ut *labantem gratificatione sustentem. haec igitur petitionis meae summa est, ut in praeclaro pectore tuo formam circa se meae uoluntatis inueniat.* uale.

III 40 : recte ualeo : hoc enim scribendi debet esse principium, quod maxime expetunt uota lecturi. aeque tibi *oblatum* uigorem nimis gaudeo, nam me *indicio tali* nuper hilarasti. illud quoque in *summam* pono *laetitiae,* quod te *memorem mei honorificentia proximae scriptionis* ostendit. *cuius* rei *gratiam silere non debeo,* ut hoc inuitamento ad perseuerantiam *litterarii muneris* prouoceris.

V 1 : recte ualeo : hoc enim scribendi debet esse principium, quod maxime expetunt uota lecturi. aeque tibi *suppetere optatum* uigorem nimis gaudeo, nam me *tali indicio* nuper hilarasti. illud quoque in *summa* pono *gratia,* quod te *nostri diligentissimum familiaris stili frequens usus* ostendit. *cui* rei *laudem referre consilium est,* ut hoc inuitamento *memoris animi* ad perseuerantiam prouoceris.

V

33. Par ses applications à la critique de la langue et à la critique du texte, la métrique de la prose ressemble parfaitement à la métrique ordinaire; elle fournit des résultats nouveaux, non des résultats d'un ordre nouveau. Mais elle a une autre application qui lui est particulière et qui par conséquent est plus neuve. Il lui est réservé de donner à la prose latine ce qui risque de manquer toujours à la poésie, une ponctuation scientifique.

34. Sans doute la métrique des vers n'est pas sans certains liens avec la ponctuation, surtout en grec. Dans l'*Iliade* et l'*Odyssée,* il est défendu de placer une ponctuation à l'intérieur d'un des deux derniers pieds du vers. Il y est obligatoire de donner au quatrième pied la forme du dactyle, s'il est séparé du cinquième pied par une ponctuation. Dans le trimètre des tragiques, la loi dite de Porson indique parfois de ponctuer à telle place plutôt qu'à telle autre. Chez Sophocle, l'élision à la fin d'un vers n'est licite que dans des conditions de ponctuation déterminées. En latin, chez Virgile, une ponctuation après le troisième pied du vers implique certaines conditions métriques. Mais ces sortes de règles ne permettent pas de construire un système; elles mettent simplement en garde, çà et là, contre telle ou telle ponctuation vicieuse; elles n'ont qu'une utilité intermittente. Il en est autrement des règles métriques de la prose. A un auteur comme Symmaque, elles assurent une ponctuation rationnelle suivie. Ces règles métriques, en effet, Symmaque les observe non seulement à la fin de chaque phrase, mais à la fin de chaque membre de phrase, et les innombrables applications qu'il en fait constituent une distribution continue du texte, ineffaçable, puisqu'elle est tissée dans l'étoffe même, et encore plus authentique que ne le serait un autographe de l'écrivain, puisqu'elle représente un calcul de sa pensée et non un tracé de sa plume. Auprès de cette ponctuation implicite, la ponctuation plaquée des modernes est sans valeur. D'ailleurs, les indications que fournit la distribution métrique du discours ne choquent nullement nos yeux; elles peuvent entrer immédiatement dans l'usage.

35. A la simple distribution métrique il manque, il est vrai, un avantage que possède la ponctuation proprement dite, celui de noter les nuances. La cadence de certains mots avertit qu'un membre de phrase est arrivé à son terme, mais ne montre pas s'il en est de même de toute la période; elle marque la place d'une virgule ou d'un point, non le choix à faire entre ces deux signes. Mais rien n'empêche d'emprunter à la pratique actuelle ce qu'elle a de bon. On peut convenir de ne jamais écrire les signes de ponctuation que là où ils sont justifiés par les règles métriques, et, en même temps, de leur donner la forme et la valeur auxquelles nous sommes accoutumés. C'est le texte même qui indiquera la place des coupures, c'est notre usage qui fixera le choix des signes. Il n'y a rien de choquant dans une combinaison de deux principes, si le rôle de chacun est bien délimité. Et il existe des exemples de ces combinaisons; dans l'impression correcte du latin, par exemple, on consulte exclusivement les documents antiques pour la détermination de l'orthographe, tandis que, pour la distinction des majuscules et minuscules, on suit des règles récentes.

36. Dans les phrases complexes, la distinction des membres n'offrira jamais de difficultés, à moins qu'il n'y ait incertitude sur le texte même. Chaque membre, en effet, aura une finale cadencée, où le dernier mot (ou groupe) déterminera par sa forme celle du mot précédent. Le dernier membre, en particulier, présentera toujours une cadence conforme aux règles, et par conséquent on ne sera point embarrassé de placer le point final. Mais l'éditeur devra quelquefois se passer des indications de la cadence, et ponctuer uniquement d'après la logique, quand il s'agit d'une proposition simple, énoncée en un petit nombre de syllabes, qui présente un sens complet mais sert d'introduction à une autre phrase. Par un privilège spécial, en effet, ces courtes incises échappent aux règles métriques[1]; Symmaque les insère dans sa prose à peu près comme les tragiques grecs insèrent dans une scène en trimètres un ἰώ μοί μοι ou un τί δ' ἔστιν; Ces *clausules* de la prose sont en général des formules plus ou moins impersonnelles, propres à servir de transition soit dans la conversation, soit dans le langage oratoire[2]; quelquefois c'est le premier membre d'une phrase antithétique[3]. Il serait bon de pouvoir, par des conventions typographiques, les distinguer des phrases soumises aux règles. La chose semble difficile quand il s'agit d'une tournure interrogative, mais pour les tournures affirmatives (ou exclamatives) rien n'est plus simple : je proposerais d'employer exclusivement les signes (.,) après les phrases à fin cadencée[4], le signe (:) après les phrases ἄμετροι.

1. Les règles ne peuvent donc servir à contrôler la conjecture *Irasci me putas? hoc*... 76,21. — *Scio quid de me sentias : sed*... 112,28 serait métriquement correct (ci-dessous § 195). — *Adde huc alia mille rerum : numquam eueniet*... 14,8 est très douteux. — Il faudrait des guillemets plutôt qu'une ponctuation proprement dite 260.12 : *sed illud potius « scio quod amore fallaris »*.

2. *Quid ergo?* 308,1. *Quid multa?* 9,13, 83,25, 135,8. *Quid plura?* 66,12, 323,2. *Sed quid haec pluribus?* 123,17. *Verum quid ultra?* 85,17. *Quousque longum loquor?* 6,25. *Quid dico matris?* 339,12. *Ain tandem?* 4,22. *Num est aliud quod scire postules? immo*... 43,19. *Quid agam scire postulas* 15,14. *Petis ut respondeam* 75,13. *« Quorsum istud? » inquies : ut*... 45,18, 152,14. *Ne mihi uerba dederis* 4,20. *Vides certe* 84,16. *Habes omnem rem* 57,26. *Habes omnem rem : de qua*... 60,29. *Multis non opus est : neque enim*... 55,10. *Verum haec missa faciam* 228,18; cf. 6,2. *Sed de hoc satis uerborum est* 96,20, 268,19. *Non ibo longius* 101,5. *Non ibo longius : quia*... 181,6. *Non ibo longius : cum*... 213,22. *Non pergam longius : cum*... 267,12. *Sed de hoc non ibo longius : ne*... 186,22. *Pone sollicitudinem : iam ualemus* 86,4. *Recte ualeo : hoc enim*... 83,14 (et 124,19 : § 32). *Iussis paruimus : expectamus*... 286,31. *Id nunc aliter est : nam*... 12,14. *Integra res est : adhuc*... 291,4. *Meus mos est*... *Qui tuus? litteris abstinere* 87,27. *Adhuc siles : sed*... 95,11. *Habent auctores* (?) *inclutos* 327,4. *Lis procedit ad forum* 339,14.

3. *Sed de his non ibo longius* : PERGE INTERIM... 179,9. *Itaque uester sermo ex beneficio proficiscitur* : NOSTER.... 1,8. *Nos obtundit otium* : TE *usus exercet* 193,29. Cf. 282,9 (§ 41,9; voir aussi la note § 41,17). *Itaque ut uis gloriare stili frequentia* : EGO... 105,26. *Hic in laude est natura principis* : IBI... 9,19.

4. De même, accessoirement, le signe (;) si on juge utile de l'employer. Il me paraît superflu dans Symmaque; il se peut qu'il soit indispensable pour éclaircir les longues périodes de Cicéron.

37. Voici le texte de la *Relatio* 3 (la célèbre lettre relative à l'autel de la Victoire), ponctué suivant la méthode qui vient d'être définie. Je choisis cette lettre et à cause de l'intérêt particulier qu'elle présente, et aussi parce qu'ici le texte repose non seulement sur les manuscrits de Symmaque, mais encore sur ceux de saint Ambroise, et que par conséquent il est mieux assuré que dans les autres *Relationes*. Pour mieux faire ressortir les finales cadencées, il a paru utile de les faire suivre chacune non seulement d'un signe de ponctuation, mais encore d'une espace.

38. Vbi primum senatus amplissimus semperque uester subiecta legibus uitia cognouit,   et a principibus piis uidit purgari famam temporum proximorum,   boni saeculi auctoritatem secutus,   euomuit diu pressum dolorem,   atque iterum me querellarum suarum iussit esse legatum,   cui ideo diui principis denegata est ab inprobis audientia,   quia non erat iustitia defutura,   domini imperatores Valentiniane Theodosi et Arcadi incliti uictores ac triumphatores semper augusti.   <2> gemino igitur functus officio,   et ut praefectus uester gesta publica prosequor,   et ut legatus ciuium mandata commendo.   nulla est hic dissensio uoluntatum,   quia iam credere homines desierunt,   aulicorum se studio praestare si discrepent...

39. Arrêtons-nous un moment. Ces premières lignes formaient neuf incises dans l'édition Guillaume Meyer; dans l'édition Seeck elles en forment dix; ici elles en forment quatre de plus. Si donc on pouvait reprocher quelque chose à la ponctuation rationnelle, ce ne serait pas de nuire à la clarté par une réduction excessive du nombre des coupures.

40. Les incises de M. Seeck sont très inégales; la première a cinquante syllabes et la dernière en a quatre. Ici elles sont moins disproportionnées, car aucune n'a moins de onze syllabes, et, à part celle qui est formée par le titre officiel des trois empereurs, et où rien n'est au choix de l'écrivain[1], aucune n'a plus de vingt-huit syllabes. La ponctuation rationnelle n'est donc pas préjudiciable à l'euphonie qui naît de l'équilibre. Au contraire, elle doit donner à la prose latine la distribution pondérée qui lui convient, et dont la plupart des éditeurs s'écartent, les Français ayant souvent une tendance

1. Ni au choix de personne. Le titre était consacré par l'usage antérieur, et s'allongeait forcément quand on y remplaçait un seul nom par trois.

à trop mettre de virgules, les Allemands une tendance à n'en pas mettre assez. Sans faire violence aux instincts des modernes, elle les déshabituera des pratiques qui ne sont que des tics nationaux. Comme la restauration de l'orthographe authentique, elle contribuera à rendre au latin, dans toute l'Europe savante, l'unité d'aspect qu'il n'aurait jamais dû perdre, et qui ne peut être rétablie que par une observation minutieuse de la vérité historique. — Revenons à la *Relatio* 3.

41. amari coli diligi maius imperio est.   quis ferat obfuisse rei publicae priuata certamina?   merito illos senatus insequitur,   qui potentiam suam famae principis praetulerunt.   noster autem labor pro clementia uestra ducit excubias.   cui enim magis commodat,   quod instituta maiorum[1] quod patriae iura et fata defendimus,   quam temporum gloriae?   quae tunc maior est cum uobis contra morem parentum intellegitis nil licere.   <3> repetimus igitur religionum statum qui rei publicae diu profuit. certe dinumerentur principes utriusque sectae utriusque sententiae,   pars eorum prior caerimonias patrum coluit,   recentior non remouit.   si exemplum non facit religio ueterum,   faciat dissimulatio proximorum.   quis ita familiaris est barbaris,   ut aram Victoriae non requirat?   cauti in posterum <si> sumus et aliarum rerum ostenta uitamus[2],   reddatur saltem nomini honor qui numini denegatus est.   multa Victoriae debet aeternitas uestra et adhuc plura debebit.   auersentur hanc potestatem quibus nihil profuit,   uos amicum triumphis patrocinium nolite deserere.   cunctis potentia ista uotiua est,   nemo colendam neget quam profitetur optandam.   <4> quodsi huius ominis non esset iusta uitatio,   ornamentis saltem curiae decuit abstineri. praestate oro uos ut ea quae pueri suscepimus senes posteris relinquamus.   consuetudinis amor magnus est,   merito diui Constantii factum diu non stetit,   omnia uobis exempla uitanda sunt,   quae mox remota didicistis.   aeternitatem curamus famae et nominis uestri,   nequid futura aetas inueniat corrigen-

1. Dans *instituta maiorum* la cadence se trouve juste, comme s'il y avait à marquer ici une ponctuation; mais, d'après les habitudes de Symmaque (cf. p. 29, n. 1), il est probable que c'est par hasard.

2. Le texte de cette *Relatio* est connu à la fois par les manuscrits de Symmaque et par ceux de saint Ambroise, ce qui rend hasardeux d'y faire des conjectures; il me semble pourtant indispensable d'ajouter *si* devant *sumus*, et de mettre après *uitamus* une simple virgule et non un point. L'histoire du texte est probablement plus compliquée que ne l'a supposé M. Seeck. Les philologues du temps de Charlemagne étaient parfaitement capables de collationner Symmaque sur Ambroise, ou inversement.

dum. <5> ubi in leges uestras et uerba iurabimus? qua religione mens falsa terrebitur, ne in testimoniis mentiatur? omnia quidem deo plena sunt, nec ullus perfidis tutus est locus, sed plurimum ualet ad metum delinquendi etiam praesentia religionis urgueri[1]. illa ara concordiam tenet omnium, illa ara fidem conuenit singulorum, neque aliud magis auctoritatem facit sententiis nostris, quam quod omnia quasi iuratus ordo decernit. patebit ergo sedes profana periuriis, et hoc incliti principes mei probabile iudicabunt, qui sacramento publico tuti sunt? <6> sed diuus Constantius idem fecisse dicetur. cetera potius illius principis aemulemur, qui nihil tale esset adgressus, siquis ante se alius deuiasset. corrigit enim sequentem lapsus prioris, et de reprehensione antecedentis exempli nascitur emendatio. fas fuit ut parens ille clementiae uestrae, in re adhuc noua non caueret inuidiam. num potest etiam nobis eadem defensio conuenire, si imitemur quod meminimus inprobatum? <7> accipiat aeternitas uestra alia eiusdem principis facta, quae in usum dignius trahat. nihil ille decerpsit sacrarum uirginum priuilegiis, repleuit nobilibus sacerdotia, Romanis caerimoniis non negauit inpensas, et per omnes uias aeternae urbis laetum secutus senatum, uidit placido ore delubra, legit inscripta fastigiis deum nomina, percontatus[2] templorum origines miratus est conditores, cumque alias religiones ipse sequeretur, has seruauit imperio. <8> suus enim cuique mos suus ritus est, uarios custodes urbibus cultus mens diuina distribuit, ut animae nascentibus ita populis fatales genii diuiduntur. accedit utilitas quae maxime homini deos adserit. nam cum ratio omnis in operto sit, unde rectius quam de memoria atque documentis rerum secundarum cognitio uenit numinum? iam si longa aetas auctoritatem religionibus faciat, seruanda est tot saeculis fides, et sequendi sunt nobis parentes, qui secuti sunt feliciter suos. <9> Romam nunc putemus adsistere, atque his uobiscum agere sermonibus. « optimi principum patres patriae, reueremini annos meos in quos me pius ritus adduxit. utar caerimoniis auitis neque enim paenitet, uiuam meo more quia libera sum. hic cultus in

1. Les manuscrits de Symmaque ont *numinis*, ce qui supposerait une prononciation *urgüeri*, invraisemblable en elle-même et contredite par les passages 23,8, 43,13, 100,17, 105,1, 105,34 : il faut prendre le *religionis* des manuscrits de saint Ambroise. *Religionis* est d'ailleurs meilleur en lui-même : le choix de ce mot vague et embarrassé suffit à donner une idée de la situation religieuse de Symmaque.

2. Un des deux manuscrits de saint Ambroise insère à tort *est* après *percontatus*. Les manuscrits de Symmaque, que M. Seeck a suivis, ajoutent cet *est* après *origines*, ce qui donne une cadence inusitée.

leges meas orbem redegit, haec sacra Hannibalem a moenibus a Capitolio Senonas reppulerunt. ad hoc ergo seruata sum ut longaeua reprehendar? <10> uidero quale sit quod instituendum putatur, sera tamen et contumeliosa est emendatio senectutis. » ergo diis patriis diis indigetibus pacem rogamus. aequum est quidquid omnes colunt unum putari. eadem spectamus astra : commune caelum est : idem nos mundus inuoluit, quid interest qua quisque prudentia uerum requirat? uno itinere non potest perueniri ad tam grande secretum. sed haec otiosorum disputatio est[1] : nunc preces non certamen[2] offerimus. <11> quanto commodo sacri aerarii uestri Vestalium uirginum praerogatiua detracta est? sub largissimis imperatoribus denegetur, quod parcissimi praestiterunt? honor solus est in illo ueluti stipendio castitatis. ut uittae[3] earum capiti decus faciunt, ita insigne ducitur sacerdotii uacare muneribus. nudum quoddam nomen inmunitatis requirunt, quoniam paupertate a dispendio tutae sunt. itaque amplius laudi earum tribuunt qui aliquid rei detrahunt, siquidem saluti publicae dicata uirginitas, crescit merito cum caret praemio. <12> absint ab aerarii uestri puritate ista conpendia. fiscus bonorum principum non sacerdotum damnis sed hostium spoliis augeatur. illu*t* te*nu*e[4] lucrum conpensat inuidia[5]. atqui auaritia in mores uestros non cadit[6] : hoc miseriores sunt quibus subsidia uetera decerpta sunt. etenim sub imperatoribus qui alieno abstinent quia resistunt cupiditati, ad solam detrahitur amittentis iniuriam, quod desiderium non mouet auferentis. <13> agros etiam uirginibus et ministris deficientium uoluntate legatos fiscus retentat. oro uos iustitiae sacerdotes, ut urbis uestrae sacris reddatur priuata successio. dictent testamenta securi, et sciant sub principibus non auaris, stabile esse quod scripserint. delectet uos ista felicitas generis humani. coepit causae

1. Sur cette incise, voir § 187.
2. Les manuscrits de saint Ambroise donnent à tort *certamina*, pluriel suggéré à un copiste par le pluriel *preces*, et que M. Seeck a adopté.
3. Les manuscrits de Symmaque et ceux de saint Ambroise ont *uitae*.
4. *Vllumne* les manuscrits de saint Ambroise (pour *illuttene*?), *illud tene* ceux de Symmaque, *illud tenue* Guillaume Meyer et Seeck.
5. *Inuidiam* les manuscrits de Symmaque, suivis par G. Meyer et Seeck.
6. Cf. Cic., *Sull.* 75 : « *non* inquam *cadit in* hos *mores*, non in hunc pudorem, non in hanc uitam, non in hunc hominem ista suspicio » ; Virgile, *B.* IX, 17 : « Heu *cadit in* quemquam tantum *scelus?* » etc. Aucun mot de cette petite phrase ne paraît pouvoir être soupçonné, et pourtant elle n'offre pas de cadence régulière ; sans doute elle est assimilée aux petites incises ou *clausules* qui échappent aux règles : voir § 35.

huius exemplum sollicitare morientes. ergo Romanae religiones ad Romana iura non pertinent? quod nomen accipiet ablatio facultatum, quas nulla lex nullus casus fecit caducas? <14> capiunt legata liberti, seruis testamentorum iusta commoda non negantur. tantum nobiles uirgines, et fatalium sacrorum ministri, excludentur praediis[1] hereditate quaesitis? quid iuuat saluti publicae castum corpus dicare, et imperii aeternitatem caelestibus fulcire praesidiis, armis uestris aquilis uestris amicas adplicare uirtutes, pro omnibus efficacia uota suscipere, et ius cum omnibus non habere? itane melior est seruitus, quae hominibus inpenditur? rem publicam laedimus, cui numquam expedit[2] ut ingrata sit. <15> nemo me putet tueri solam causam religionum[3]. ex huiusmodi facinoribus orta sunt cuncta Romani generis incommoda. honorauerat lex parentum Vestales uirgines ac ministros deorum uictu modico[4], iustisque priuilegiis stetit muneris huius integritas, usque ad degeneres trapezitas, qui ad mercedem uilium baiulorum, sacra castitatis alimenta uerterunt. secuta est hoc factum fames publica, et spem prouinciarum omnium messis aegra decepit. <16> non sunt haec uitia terrarum, nihil *austris* inputemus *aut* astris[5],

1. Les manuscrits de Symmaque ont *praesidiis*, que M. Seeck n'aurait pas dû choisir. *Praesidiis* revient quinze mots plus loin, dans un autre sens. Symmaque a écrit ici, comme l'indiquent les manuscrits de saint Ambroise, *praediis* « des propriétés immobilières ». Ce sont des *agri* qu'il désigne, et il affecte la langue juridique.

2. MM. Meyer et Seeck ont adopté la variante *expediit*, qui fait solécisme.

3. Cadence assez rare, mais correcte (§ 69). Les manuscrits de saint Ambroise donnent une cadence plus fréquente : *solam causam religionum tueri;* un copiste aura instinctivement reporté le verbe à la fin.

4. Cadence fausse. On ponctue d'ordinaire : *modico iustisque privilegiis ; stetit...;* cela aussi donne une cadence fausse (cf. 281,31 *uirginum priuilegiis*, 119,23 *sacerdotii priuilegium*), et de plus un sens défectueux. D'abord Symmaque, ici, doit insister sur la question des *aliments* sans y mêler celle des *privilèges;* en affamant les Vestales, dit-il, on a affamé le monde. Ensuite, *muneris huius* s'applique bien à l'idée qu'expriment les mots *honorauerat uictu modico*, mais devient impropre pour désigner aussi les *priuilegia*. Enfin, dans le texte ordinaire, *iustis* « réguliers » est oiseux. — Il est probable que la première phrase a été altérée de bonne heure, parce qu'on s'est imaginé qu'il fallait construire ensemble les deux ablatifs. Symmaque avait dû écrire : *honorauerat lex parentum* uictu modico *Vestales uirgines ac ministros deorum;* ceci donne une cadence juste.

5. Les manuscrits de Symmaque ont *nihil inputemus austris* ou *nihil austris imputemus*, ceux de saint Ambroise *nihil inputamus astris*. Toutes ces variantes donnent une cadence ou fausse, ou au moins très rare. Il est d'ailleurs impossible que Symmaque oublie de citer les astres ; mais, si la bonne leçon est *astris*, la variante *austris* s'explique mal. Enfin, si on

nec rubigo segetibus obfuit nec auena fruges necauit, sacrilegio annus exaruit. necesse enim fuit perire omnibus quod religionibus negabatur. certe si est huius mali aliquod exemplum, inputemus tantam famem uicibus annorum. grauis hanc sterilitatem causa contraxit. siluestribus arbustis uita producitur, et rursus ad Dodonaeas arbores plebis rusticae inopia conuolauit. <17> quid tale prouinciae pertulerunt, cum religionum ministros honor publicus pasceret? quando in usum hominum concussa quercus quando uulsae sunt herbarum radices[1] : quando alternos regionum defectus deseruit fecunditas mutua, cum populo et uirginibus sacris communis esset annona? commendabat enim terrarum prouentum uictus antistitum, et remedium magis quam largitas erat. an dubium est semper pro copia omnium datum, quod nunc inopia omnium uindicauit? <18> dicet aliquis sumptum publicum denegatum alienae religionis inpendiis. absit a bonis principibus ista sententia, ut quod olim de communi quibusdam tributum est, in iure fisci esse uideatur. nam cum res publica de singulis constet, quod ab ea proficiscitur fit rursus proprium singulorum. omnia regitis sed suum cuique seruatis, plusque apud uos iustitia quam licentia ualet. consulite certe munificentiam uestram, an adhuc publica uelit existimari quae in alios transtulistis. semel honori urbis delata conpendia desinunt esse tribuentium, et quod a principio beneficium fuit, usu atque aetate fit debitum. <19> inanem igitur metum diuino animo uestro temptat incutere, siquis adserit conscientiam uos habere

ne met qu'un des deux substantifs, le développement est dyssymétrique; il faut un *aut* pour répondre à *nec... nec.* La faute primitive a dû être : *nihil austris inputemus austris.* — Il y a dans ce passage réminiscence d'Horace, *od.* III 23 (Kroll p. 53).

1. Imitation de Virgile, *Aen.* III 650, *uulsis pascunt radicibus herbae* (Kroll p. 46). — La cadence est défectueuse : est-ce grâce à la tournure coordinative, accusée par la répétition de *quando?* cf. 44,21 *quando resistitur potiori quando ceditur pari?* 7,2 *ubi alte turbis quiescitur ubi fruendis feriis modus nullus est,* 73.30-74,1 *arma a Samnitibus insignia ab Tuscis* (Sallust. *Cat.* 51,28) *leges de lare Lycurgi et Solonis sumpseramus : tuus nobis posthaec addidit labor peregrina monumenta quae iam sui nesciunt* (ici on pourrait proposer *Solonis < nos > sumpseramus*). Dans les énumérations, Symmaque ne craint pas les longues incises : 4,18 *quidquid in poetis lepidum apud oratores graue in annalibus fidele inter grammaticos eruditum fuit solus hausisti.* 28,2 *ubi ager noster uel ille autumno omnis copiae ferax uel ille hieme apricus aut qui uere anni primus rosas humo exuit aut qui sub aestiuo sole de nemore et fonte frigescit?* 48,2 *nos tamen alteri eorum uiae instrumenta alteri in societatem consilii comitem praeparamus.* 324,32-33 *quid ego in te peritiam bellicae rei quid usum ducendi agminis quid locorum notitiam temporum demensiones laborem sine ÷ pernicie curam sine ÷ maerore conlaudem?* (*maerore* ne me paraît pas moins suspect que *pernicie*).

praebentium, nisi detrahentium subieritis inuidiam. faueant clementiae uestrae sectarum omnium arcana praesidia, et haec maxime quae maiores uestros aliquando iuuerunt. ' uos defendant a nobis colantur. eum religionum statum petimus, qui diuo parenti numinis uestri seruauit imperium, qui fortunato principi legitimos suffecit heredes. <20> spectat senior ille diuus ex arce siderea lacrimas sacerdotum, et se culpatum putat more uiolato quem libenter ipse seruauit. praestate etiam diuo fratri uestro alieni consilii[1] correctionem, tegite factum quod senatui displicuisse nesciuit, siquidem constat ideo exclusam legationem, ne ad eum iudicium publicum perueniret. pro existimatione est temporum superiorum ut non dubitetis abolere, quod probandum est principis non fuisse.

42. Un échantillon d'une telle étendue suffira à prouver au lecteur ce qu'il peut vérifier sur Symmaque tout entier[2], à savoir que la ponctuation rationnelle peut être pratiquée dès maintenant ; il resterait à en faire la théorie. Celle-ci naîtra, comme toutes les théories, de l'observation des faits et de leur classement. Elle pourra devenir, elle deviendra à coup sûr, un objet de recherches distinct, comme la flexion ou la prosodie ; elle sera une nouvelle branche de la grammaire.

VI

43. L'histoire littéraire, aussi bien que la grammaire ou la critique verbale, a son profit à faire dans l'étude d'un écrivain comme Symmaque. Il faut qu'elle s'habitue à rejeter la division traditionnelle qui ne distingue que les vers et la prose. Il y a en latin non pas deux sortes de textes, mais trois ; il y a les textes en vers, comme ceux de Virgile, les textes en prose, comme les *Commentaires* de César, et enfin les textes en demi-prose, comme les œuvres de Symmaque. A cette dernière catégorie appartiennent non seulement des écrits de basse époque, comme ceux de Symmaque ou de Léon le Grand,

1. Cadence suspecte (il faut un spondée) ; il serait facile d'intervertir *consilii alieni* ; mais je croirais plutôt que Symmaque a écrit *alieni consulti*. Il critique une décision, non une pensée ou un plan ; *alieni consulti* signifiera : « un décret qui n'est pas de lui ».

2. Je l'ai fait pour ma part, et j'ai marqué sur mon exemplaire de l'édition Seeck, d'un bout à l'autre, la place des ponctuations justifiées par la métrique.

mais des écrits bien plus anciens, comme ceux de Pline le jeune; on peut même y faire rentrer les discours de Cicéron.

44. Au point de vue esthétique, l'art des vers et l'art de la demi-prose se ressemblent. Tous deux sont capables de donner du lustre aux mots importants, tous deux risquent de mettre en honneur les chevilles. On est généralement impartial à l'égard des vers, grâce à l'habitude; il se peut que les modernes soient plus sévères pour la demi-prose, dont les beautés sont à découvrir. Ils ne seront équitables que s'ils la jugent d'une façon large. Le *cursus* rythmique sent peut-être trop le moyen âge; la prose métrique, telle qu'on la trouve constituée dans Symmaque, sent peut-être trop la décadence; mais le principe de cette prose métrique remonte jusqu'au classicisme, — jusqu'au classicisme hellénique, car il semble impossible qu'Isocrate n'y soit pas pour quelque chose. — Ce qu'il nous fait voir sous un aspect nouveau n'est autre chose que l'esprit même de l'antiquité.

45. Dans tout ce travail j'ai porté mon attention exclusivement sur les fins de phrase. Les *dictamina* du moyen âge montrent qu'à cette époque on se préoccupait aussi des commencements, et les rhéteurs anciens ont des préceptes pour les deux extrémités de la phrase, sans compter ce qui concerne les syllabes du milieu. La prose de Symmaque pourrait donc être encore plus semblable à des vers que je ne l'indique; cela vaudra d'être examiné un jour. En attendant, il est curieux de voir Symmaque se défendre d'être un pur euphoniste. Il écrit à un vieillard que seul il résiste sur ce point au mauvais goût du jour (p. 73,25-27) : « itaque ut ipse nonnumquam praedicas spectator ueteris monetae solus supersum, *ceteros delenimenta*[1] *aurium capiunt.* » Peut-être ne se défend-on, en général, que des défauts qu'on a conscience d'avoir.

VII

46. Il est temps d'exposer en détail ce qu'est la métrique de la prose dans Symmaque, en ce qui concerne les fins de phrase. Entre le mot (ou groupe) final et le mot précédent, il est relativement très rare qu'il y ait matière à élision ou hiatus.

1. Non *delinimenta* : voir Schulze p. 160.

Les exemples contraires seront étudiés plus loin (§§ 202 et suivants); jusqu'à cette discussion spéciale, il ne sera question que des fins de phrase dans lesquelles le dernier mot ou groupe est précédé d'une syllabe franche. Le lecteur voudra bien, une fois pour toutes, se mettre cette restriction dans l'esprit. — Le classement admis ici est fondé sur le nombre des demi-pieds contenus dans le mot (ou groupe) final : *quatre, trois, deux, cinq, six, sept* demi-pieds. Cet ordre est l'ordre de fréquence décroissante, tel qu'il semble résulter de la statistique des fins de lettres.

1. *Mot (ou groupe) final de quatre demi-pieds.*

47. Un mot de quatre demi-pieds comporte les formes *ēlātōrum, ēlātĭo, ārĭdōrum, ămīcōrum, ămāmĭni*, et celles qui en dérivent par substitution de deux brèves à une longue : *ōrābĭmĭni, ārĭdĭōrum, hăbĭtūrōrum*, etc., *ērĭpĭmĭni, ăgĭlĭtātem, ĭtĕrātĭo, ămīcĭtĭa,* etc. Un mot comme *ēlātĭo* peut être remplacé par un groupe comme *ōs ārĭdum*, et ainsi de suite.

48. Sont à peu près inusités en fin de phrase le type *ēlātōrum* et ses équivalents ; les exemples *formulas praefinitis* 154,10, *reditum maturabo* 228,20, montrent devant ce type un polysyllabe à pénultième brève ; de même, à la fin d'un simple membre de phrase, *debeo commendare* 114,3, *stabilitas promissorum* 248,23, *contumeliam praefecturae* 297,6, *uehiculum praefecturae* 297,35, *gubernacula designatus* 318,12. L'exemple divergent *destinată peruenisses* 256,32 doit être tenu pour suspect; il n'est connu que par des manuscrits perdus. La métrique appuie donc la correction *mercentur* pour *mercarentur* 241,25. Il faut prononcer *placitum praestŏlamur* 7,22, *Prosdocium praestŏlari* 174,24, car la quantité de *praestōlari* n'est connue que par un passage de Plaute dont Symmaque ne s'est certainement pas préoccupé (*Epid.* 221; cf. §§ 88 et 216), tandis qu'il a peut-être pensé au radical des mots comme στόλος, ἐπιστολή[1]. On prononcera naturellement la seconde brève dans *ludicrorum* 285,20, *consecratus* 10,3, *consecrauit* 287,27, *arbitreris* 41,28, dans les formes d'*impetrare* I 64, 55,29, 64,27, 71,23, 74,16, 161,21, 251,15, 261,15, 314,23, 333,13, etc.; l'initiale

1. C'est lui, je pense, et non son copiste, qui remplace constamment l'épel classique *epistulă* par *epistola* (Seeck, p. XXVII-XXVIII).

brève dans *recludatur* 112,18, *retraxerunt* 154,28. Symmaque a soin de choisir en fin de phrase, au lieu des formes telles que *consueuisti*, les formes syncopées : ainsi *consuesti* III 77, *inplesse* IX 131, *turbassent* 8,11. De même il choisit *desilibat* 325,15 et non *desiliebat; fucasti* 10,15, *decorasti* 69,10 et non *-auisti; expedisti* 95,24, *praeteristi* 243,24 et non *-iisti; celebrarunt* 36,26 et non *celebrauerunt*, *orarunt* 56,16 et non *orauerunt*. Tandis que les lexiques admettent une locution *continuari aliquem* « s'attacher aux pas de quelqu'un, accompagner », la forme authentique est *contīnari*. Depuis Kiessling (*Coniectaneorum spicilegium I*, programme d'été de l'Université de Greifswald, 1883), on connaissait cette forme par l'orthographe des manuscrits de divers auteurs (voir aussi Schulze p. 194, Weyman et Kübler dans l'*Archiv für lateinische Lexikographie*, VIII 129 et 136); elle est désormais confirmée par la métrique dans l'exemple *nisi forte in siluis Apollinem continaris* 26,18 (cf. 113,25 *me in siluis Laurentibus continatus est*, *rurali inhaerentem quieti*, qui rentre dans la règle du § 140). Au lieu de *praesidialis* Symmaque dit *praesidalis* (Schulze p. 172) : *prouinciam praesidalem* 42,12, exemple où la métrique confirme la forme donnée par les manuscrits ici et 122,28, 195,15, 337,3. *Edecumasti* 242,11 est une faute amenée par le mot voisin *edecumare*, et qu'a heureusement corrigée Scioppius. *Meritis posteriorum* 245,33 : lire *posterorum*, mot que Symmaque emploie volontiers (250,12, 286,15, 287,12, 289,21, 330,20, 334,18, etc.), et qui ici convient beaucoup mieux pour le sens. Dans ces deux passages, le texte repose uniquement sur le manuscrit perdu de Juret. — *Istum quem committo* IX 7 est inintelligible[1]. On prononcera la pénultième brève dans *externa non arbitrer* 78,17, *amore non arbitror* 205,17. De même l'antépénultième dans *habuit quam patronos* 30,15, *desiderium quam repleri* 60,9[2].

1. *Commendo* est, à ce que je suppose, une simple conjecture; il doit y avoir quelque erreur dans l'apparat de M. Seeck.

2. Dans ce qui suit, le grand caractère est employé surtout à la discussion des passages qui font difficulté, j'entends, de ceux qui font difficulté d'après le texte des manuscrits; le petit caractère est employé à la critique des difficultés illusoires nées des hypothèses modernes. En outre, quand il y a lieu, le grand caractère sert à l'indication des exemples cités à l'appui de la règle, le petit caractère à quelques remarques incidentes. — Pour avoir la liste complète des irrégularités, ajouter les phrases simples et courtes citées en note § 36.

49. Sur *artes uertit* voir § 98; sur *abrepti sunt*, qui est licite, voir § 146. *Spesperata* 330,19 est *spes parata* (Heindorf), non *spes sperata*[1]. Choisir les variantes *pollicetur* II 89 (non *polliceatur*), *scripta uentura sint* 21,7 (non *sint uentura*), *pars magna ueneratur* 4,30 (non *magna pars*; cf. 16,7, 176,23). *Dilatetur* 22,3 est une mauvaise leçon d'un mauvais manuscrit. Écarter les conjectures *iniungatur* 40,28 (Schenkl : voir l'index des passages discutés), *declinasse* 83,7, *concepissem* 84,21, *respondetis* 156,3, *inseruitur* 172,29, *praecessisti* 202,6, *praestauistis* 287,9, *mirabamur* 315,30, *permuniret* 324,30 (lire *nostrorum... permaneret*?), *iuratores* 337,20; — *participato* 60,35 (cf. Schenkl) : — *quod proficias* 44,18 (Schenkl) ; *res procedunt* 20,4 (cf. § 217), *nunc praemissa* 170,27 (Schenkl; là sont inadmissibles aussi les conjectures de Juret et de Kiessling). *Praebitione* 263,29 n'est pas une fin de phrase; il faut ponctuer : *totis uiribus adiuuandi sunt communis patriae corporati, praecipue mancipes salinarum. qui exercent lauacra lignorum praebitione his plerique sunt debitores*. Car ce n'est pas *mancipes salinarum* qui a besoin d'être déterminé (cf. 264,9 *iuuandi sunt mancipes salinarum*, 314,18 *mancipes salinarum magno ex numero ad paucos redacti*), c'est *plerique*; d'ailleurs on comprend que les fournisseurs de bois se trouvent débiteurs des sauniers, mais non que les sauniers, ou une partie des sauniers, se confondent avec les fournisseurs de bois[2]. On n'a cette lettre que par la seconde édition de Juret; il est assez tentant de corriger en *iis* le *his* qui, sans doute, a suggéré à M. Seeck sa fausse ponctuation.

50. Est à peu près inusité aussi le type *ămāmĭnī* (un mot de cette forme, quand par hasard il est final, est toujours précédé d'un spondée). *Praestet licentiae* IX 10 est une leçon propre aux manuscrits d'extraits, si souvent interpolés (l'édition de Scioppius termine par *quaestum praestet*, qui est métriquement inadmissible). *Adfectati silentii* 38,24 : Symmaque s'est-il résigné à finir par *silentii* pour éviter de finir par *adfectati*? (il n'y a pas à supposer qu'il ait écrit *silenti*, § 25, p. 13). A la fin d'un simple membre de phrase, *posthac negatio* 8,14, *posthac loquacior* 137,4, *medicorum potissimus* 48,16, *excusandum putaueris* 155,31 (lire *putaris*?), *dignum putabitis*

1. Il n'y a donc pas à rapprocher ce passage de Plaute, *Merc.* 843 (Kroll p. 28).

2. La corporation des fournisseurs de bois pour les bains est nettement désignée 291,14 *pars urenda lauacris ligna conportat*. La cité de Tarracine fournissait à Rome *lauacris publicis ligna et calcem reparandis moenibus* (312,6). La corporation des sauniers et celle des *nauicularii* étaient d'ailleurs tenues de collaborer aux fournitures de bois : *aeque lignorum obnoxios functioni* 314,25.

157,6, *dotem relinquere* 265,15. Le mot pénultième aurait une autre forme dans *patriae negotia* 54,6 : peut-être ces mots ne doivent-ils pas être suivis d'une ponctuation. *Iampridem retexui* 154,11 : lire *retexi* « j'ai fait connaître ». *Stili frequentia* 105,26 : voir § 36 n. *Quos domi reliqueris* 232,5 : lire *liqueris*[1]? Inversement *efflagitată parauerit* IX 134 : avec Juret et M. Seeck lire *reparauerit?* Ou plutôt *fulciuerit* (forme rare), qui s'opposera mieux à *fluctuare? Arduum recogitans* 291,1 : la métrique appuie la correction *rei cogitans*. Sur *ōmiserim, ōmisimus* terminant une phrase, voir § 25, p. 15-16.

51. *Vitia nihil moramini* 278,12 est une conjecture de Scioppius. La phrase précédente et la suivante étant sans lien entre elles, il est probable qu'il y a ici une lacune, hypothèse qui permet de garder la leçon *memoramini* des manuscrits. — *Adagio* avait probablement le second *a* long (un *a* bref fût devenu *i*, comme dans *prodigium*); mais il n'est pas en fin de phrase dans *noui ego quid ualeat adagio : sus Mineruam* 4,20; il y aurait lieu de remplacer ici les deux points de M. Seeck, et en général tout signe disjonctif, par des guillemets. — La conjecture *sol meridiem peregerat* 43,21 a bien peu de probabilité[2]. Le *fregerat* des manuscrits est à rapprocher du *frangit* de Quintilien XII 10,29 (cf. I 4,11) : la consonne *f* « mord » sur l'*r* dans le groupe *fra*. Ici le soleil « mord » sur le midi; l'image semble prise d'un assemblage matériel qui manque de jeu. — *Integrare cadentia* VI 70 est une mauvaise variante (pour *cedentia : recedentia* présente un doublon de la syllabe précédente *-re; recidentia*, qui devrait peut-être avoir l'initiale longue (§ 25, p. 16), est une conjecture à écarter).

52. Sont inusités en fin de phrase les types *ămīcĭtĭa* (voir ci-dessous § 217, note), *ērĭpĭmĭni*, et leurs équivalents. Il faut couper, à ce qu'il semble, *auaritiae satis facere* (et non *satisfacere*, cf. § 115) 110,5, *ratio satis faciat* 117,5[3]. — Toutefois, à la fin d'un membre de phrase, on a *iustitiae patrociniis* 107,26.

53. *Pollutas nos patricios* 333,37 n'est pas la fin de la phrase : celle-ci se termine avec *fauisores*, ce qui fait voir que la seconde syllabe de ce mot rare était longue et la première brève (l'inverse est moins probable). La conjecture *diuisores* de M. Seeck peut être conservée, mais après le mot *fauisores* et non à sa place. Déjà M. Sittl a réclamé pour *fauisores* (*Philol. Rundschau*, 1885, p. 681).

1. Sur ce passage voir Kroll p. 11.

2. Une variante de cette correction, <*cum*> *iam sol meridiem transegerat* (Schenkl, *Wochenschrift für klass. Philol.*, 1885, p. 117) est métriquement inadmissible.

3. Noter pourtant *Satisfaciet quidĕm* initial, 93,16.

54. Tels sont les quelques types que Symmaque évite. Pour les autres, les règles sont exprimées par le tableau suivant :

		Nombre des exemples en fin de lettre.
scripsĕris, fuĕris (ou *non ĕrat*, § 14, § 55)	*ārĭdōrum*, §§ 57-59	199
	ōs ămīcum, §§ 60-61	36
ōrĭs (ou *ănĭmŭs*, § 56)	*ēlātĭo*, §§ 62-63	160[1]
	ōs ārĭdum, § 64	31
	ĭtĕrātĭo, §§ 65-66	15
scripsĕris, fuĕris	*ămīcōrum*, §§ 67-68	28
retĭnet	*ĕt ignōtos* IX 13 (?)	1
praeiudicĭum	*uĕl inuĭdĭam* 51,32 (?)[2]	
ōrās (ou *scripsĕris, fuĕris* ?)	*ăgĭlĭtātem*, §§ 69-70	3

55. Groupe trisyllabique remplaçant un polysyllabe pénultième[3] : *non-ferant largiendi* 6,8, *non-potest abstinere* 216,2, *non-decet deuiari* 275,29, *non-mouet auferentis* 282,27, *non-erant adsecutum* 318,18, *non-licet otiari* 322,15, *non-potest uindicare* 323,16. A la fin d'un membre de phrase, *non-potest* (?) *impetrari* 293,24[4], *par-fuit indicari* 50,5, *par-fuit exhiberi* 240,20. Ces exemples sont peut-être suffisants pour appuyer la conjecture *ius-erat adtineri* 298,31. Cf. § 184.

56. Tribraque remplaçant un trochée pénultième : *operis examine* I 24, *satis facere dignemini* VI 28, *potius irascere* 40,30, *loqueris oraculis* 45,4, *liceat euentui* 51,13, *hiemis iniuria* 83,5, *itineris interiacet* 74,31, *iudicia promiserant* 80,5, etc. ; *odia detorqueas* 52,16 dans un postscriptum autographe ; *neuter expostulet* 71,23, à moins que Symmaque, à tort, ne fasse *eu* diphtongue (voir *Archiv für latein. Lexikographie*, 1884, p. 286 et 446) ; — *praesidia non ambigo* III 16, *materia non suppetat* 54,5, etc. Pas d'exemple du tribraque devant un mot comme *ĭtĕratio*, soit par hasard, soit pour éviter l'accumulation des brèves.

1. Je suppose *audiueris* IX 55, et non *audieris* (au lieu d'*adiuueris*). Je n'ai pas compté le passage corrompu IX 27 ; là la métrique condamne la variante *redituri susceperint*. VI 70 je lis *cedentia* (§ 51).

2. Ces mots terminent un simple membre de phrase.

3. Sur la raison d'être de cette équivalence, voir § 191, note.

4. Cet exemple est peu sûr, car l'édition de Gelenius (sur sa valeur voir § 80) donne *poterat* et non *potest*.

57. Les polysyllabes à pénultième brève, soit devant un mot comme *ārĭdōrum*, soit devant un mot comme *ămīcōrum*, ont la finale longue dans les trois quarts des exemples, l'antépénultième longue dans les deux tiers des exemples. Le plus souvent donc ils fournissent un crétique; sinon, un anapeste; plus rarement, un dactyle, plus rarement encore, un tribraque. Ce tribraque, échangeable avec des pieds trisyllabiques, ne doit pas être confondu avec le tribraque qui se substitue au trochée (§ 56) : ce dernier en effet est immédiatement suivi d'un spondée, tandis que l'autre est suivi ou d'un trochée ou d'un ïambe. L'alternance des divers pieds trisyllabiques entre eux demanderait une étude spéciale et détaillée; cf. § 78. — Dans *c. f.* (*clarissimam feminam*) *possidere* 294,13 et dans *u. c.* (*uir clarissimus*) *pollicetur* 300,30, un mot soumis au mètre est écrit en abrégé. *Igitur ut quiescas* 52,16 fait partie d'un post-scriptum autographe.

58. Irrégularités devant un mot final du type *ārĭdōrum* : *Ne blanditiae longiores corrumpant ueri dignitatem* 15,25-26 : il faut, pour le sens, insérer un substantif; *officii* irait. *Dignationem mihi officii tui denegasses* 101,26 : lire *mutui*, qui est tout à fait du style de Symmaque. *Amor tuus ingerebat* 196,17 : lire *mutuus* (correction semblable § 101[1]). *Notae nobis sunt caerimoniae deorum et festa diuinitatis imperata* 59,16 (non-sens) : lire *diuinitus*, mot qui se retrouve par exemple 30,28, 277,23. *Subiunge* (corrompu) *postulatum* 242,8 : v. § 112. *Desiderata promouebit* 140,23; la métrique appuie la conjecture *promouit*. *Sed uideo opusculum non esse paenitendum* 2,25 : lire *esse <per se> paenitendum* (§ 195)? *Diuturnitate macerari* 216,8 : v. § 25. *Solonis sumpseramus* 74,1 : v. § 41,17 n.

59. *Desiderat emtation.* 241,17 : la métrique appuie la conjecture *emptionem*. Elle appuie *<praesentium> litterarum* 179,14, *Gal<lias> obligasti* 322,31[2]. Elle condamne la conjecture *scita proderetur* 313,7. De même *adfuturum pollicetur* 263,3. *Veterata saeculorum* 326,28 n'est admissible que si on écrit *saeclorum* (cf. *uincla* p. 14). *Te erat eruditus* 327,12 : au lieu de *<per> te erat*, lire par exemple *te <magistro fu>erat*. *Fundos oppidum praeterire* 174,28 : *oppidum* est nécessaire pour distinguer *Fundos* de *fundos;* Juret et M. Seeck, gâtés par la clarté de la majuscule moderne, veulent à tort faire d'*oppi-*

1. M. Mommsen a proposé 152,3 *mutuum* pour *tuum*, mais là la leçon des manuscrits me paraît meilleure pour le sens.
2. Elle permet la conjecture *Rudiis constituto* 227,7.

dum une glose. Est impossible 154,16 l'athétèse *urbi [praedia] distulistis*. *Debuit famam praeuenire* 11,19-20 : choisir la variante *famam debuit*. — *Videar retulisse* (prononcez *rettulisse*) 277,10 : la variante *uiderer* est métriquement inadmissible ; elle a été suggérée par les imparfaits qui précèdent. Il est probable que la période doit être coupée et que *praecauerem* (ou *praeuaricarem*) représente *praecauendum est*; lire : *de qua ego plene et indulgentius loquerer, nisi obsequerer singulari uerecundiae tuae. etiam*[1] *mihi oppido praecauendum est, ne laudatus proxime ab excellentia tua feneratam gratiam uidear rettulisse, hoc est quod aiunt mutuum scabere mulos*. — En essayant de corriger le passage corrompu 60,23, on devra éviter de terminer un membre de phrase par *senatum commoneri*. *Annis aestimatur* 158,3 est une leçon fautive, qui paraît être d'origine conjecturale. *Ex Italia deuehuntur* 211,9 : M. Seeck, *Italia* étant inadmissible, propose *Praeualitana*, d'une façon très dubitative, ce qui ne l'empêche pas d'introduire purement et simplement ce nom propre rare dans sa citation de la préface (p. CCIX n. 1039 ; cf. p. XXXVIII n. 71) et de le faire figurer sans aucun signe de doute dans son index, ce même index où *Fucinus* n'a pas été admis ; M. Seeck n'est pas le seul philologue qui, sans s'en apercevoir, remplace l'index de son auteur par un index de lui-même. *Praeualitana* ne vaut rien ; Symmaque, qui a horreur d'appeler un chat un chat, n'aurait jamais employé un terme géographique peu noble (celui-ci est rare ; il manque dans la 7e édition du dictionnaire de Georges). Il s'agit d'une cargaison d'ours, qu'on s'était procurés longtemps d'avance[2], qui devaient arriver d'abord en Apulie *de transmarinis locis* (voilà le vrai style du temps et de l'écrivain !) ; qui, une fois en Apulie, devaient y séjourner sous une garde fournie par l'administration locale (272,1) ; et qui enfin, évidemment par un autre bateau, devaient être transportés à Rome. Ils étaient originaires *de Dalmatia* (273,21), et par conséquent du territoire d'Honorius ; des ours de Prévalitane eussent été sujets d'Arcadius, ce qui ne recommande pas l'hypothèse de M. Seeck, car, si étroite qu'ait pu rester l'union des deux moitiés de l'empire, les divers fonctionnaires dont Symmaque requiert les bons offices à propos de ses ours devaient être des gens à qui lui-même pouvait rendre service[3].

1. *Etiam* me paraît indiqué par le sens. Juret donne *et*, les manuscrits d'extraits répètent le *nisi* précédent.

2. Cf. 271,9, et voir § 66. Quelques années auparavant, Symmaque avait fait venir d'autres ours (57,16), qui étaient arrivés en piteux état (65,15-17). Aussi, pour le nouvel envoi, il paraît prendre des précautions exceptionnelles.

3. C'est dans les fastes des provinces de l'Occident qu'il faudrait chercher le destinataire de la lettre IX 137 : c'était très probablement le *praeses Dalmatiae*. A lui aussi paraît s'adresser la lettre IX 132. Les fonctionnaires d'Occident, en obligeant Symmaque, pouvaient faire leur

En tout cas la métrique tranche la question : elle exclut absolument *Praeualitana* et laisse le choix entre *Dalmatia* et *Apulia*. On peut préférer *Apulia*, d'abord à cause de la vraisemblance paléographique (voir ce qui est dit des altérations du *p*, § 80 n.), ensuite parce que le correspondant de Symmaque paraît avoir une charge à Rome (Seeck p. CLXXXIX) et que, l'emploi des ours étant très proche (211,12), c'est sur la dernière partie de leur trajet qu'il est prié de veiller. — Ponctuer après *terminos occupastis* 333,5, comme le réclame M. Kroll p. 66, note.

60. Type *ōs ămīcum*, irrégularités : *Ac primo Neapolim dehinc breui interuallo Beneuentum me recepi* 4,26-27 : transporter *me* après *primo*, entre les syllabes *mo* et *ne*, endroit où il a pu tomber facilement. *Orandi aeque magnus et canendi meae te opis indigum mentiare* 4,22 : il serait tentant de couper en deux incises, en mettant *magnus <artifex> et canendi*.

61. *Arbitror non uideri* 217,18 : la métrique condamne la conjecture *adnitor*. Elle condamne *idem <iam> teneret* 183,28, *sollemnem non dedisset* 315.15, *oratorum quod locuntur* 329,17, *defit spem sequentur* 335,24. Comme l'a vu M. Seeck (cf. Schulze p. 205), *nuntio quam fideli* est bien la fin d'une phrase 254,9.

62. Type *ēlātĭo*, irrégularités : *Debeo cognoscere* 61,8 : lire *haueo*[1] (pour l'épel par *h* cf. 63,28), qui sera devenu *habeo* et aura été corrigé par conjecture; cf. *habe* pour *haue* 90,5, 129,31, *habet animus edoceri* 175,10. *Quamquam uereor ne factum tuum haec ipsa grauet humanitas* 127,22 : ajouter *mea? Senius* (ou *series*) *incommodi* 264,1-2 : lire *sensus*[2]. *Quia pro te*

cour à Stilichon, qui favorisait ou sa personne, ou au moins l'*editio praetoria* de son jeune fils (IV 7, IV 12). — Quand Symmaque (120,5) recommande les magistrats d'Antioche à un éleveur ayant ses haras en Espagne, et qui paraît habiter ce pays, il s'adresse en homme privé à un homme privé et s'entremet pour une affaire commerciale; il ne dit pas que les *summates Antiochensium* lui aient été recommandés à lui-même par un haut fonctionnaire d'Orient. Certes il devait y avoir bien des points de contact entre le personnel administratif d'Honorius et celui d'Arcadius, surtout dans les fonctions élevées, mais le nombre de ces points de contact ne doit pas être augmenté par conjecture.

1. On pourrait remplacer *cognoscere* par *noscere*, que Symmaque emploie par exemple 11,2, 158,14, 167,2, 169,27, 171,25. Mais l'autre correction paraît mieux justifiée; cf. *opto cognoscere* 215,15. — *Debui cognoscere* 20,27 (lettre I 38 : voir § 216, note) est dit avec reproche.

2. Il faut corriger aussi en *sensus* le *saepius* de 48,34 : *et quamuis praemia non reposcant, quae solet minor expectare fortuna, acrius tamen animum meum* saepius *honestate conueniunt*. Pour $p = n$ voir § 80.

minus irasceris 323,9 : lire par exemple *leuius? Responsum persoluere* VIII 55 A, d'après le manuscrit perdu de Juret : lire *responsa*, comme VIII 56 *soluas amica responsa*. *Possem dicere siquis inrepserit externus auditor, meos esse uersiculos diffidere* (variantes *difficere*, *efficere*), *ut uerecunde innoscadet* (var. *ignoscat et*) *ab altero profecta laudatio* 2,24 : partant des corrections de Scioppius, *diffiteri* et *in nos cadat*, on peut écrire : *possem dicere « siquis inrepserit externus auditor, meos esse uersiculos diffitere », ut uerecunde in nos cadat...* (autre hypothèse, mais métriquement équivalente, dans Schulze p. 166, n.). *Macerat absentia* 171,3 : voir § 25.

63. Écarter IX 119 la conjecture *sumenti persuadeat;* la vraie leçon doit ressembler au *sumentis agnoscat* de Scioppius. *Dignitatis circumdedit* 317,8 : prendre la variante *dignitate*, fournie par l'édition de Gelenius (§ 80). *Romae cognoscerem* 97,5 : les corrections *Romae gesta* et *Romana* sont métriquement bonnes. *Inusitatum censentibus* 54,24 n'est pas la fin de la phrase, qui doit être arrêtée aux mots précédents, *noxam crearent*. *Censentibus* est à construire avec *rescripsi* qui vient ensuite, et qui signifie que Symmaque a donné son avis sous forme de réponse à une consultation (voir Seeck p. CXXII); *censentibus* montre que cette consultation était accompagnée d'une notification des opinions émises, un procès-verbal de délibération par exemple. Les *censentes* sont des pontifes, collègues de Symmaque, et ne doivent pas être confondus avec les *sacrorum aemuli* dont il vient de parler, et qui sans doute sont les chrétiens (cf. G. Boissier, *Journal des Savants,* 1888, p. 724). Il est possible d'ailleurs qu'après *censentibus* il soit tombé quelque chose comme *et quid ego sentirem de re noua percontantibus*. La métrique condamne la conjecture *moueret suspiria* 336,8.

64. Type *ōs ārĭdum,* irrégularités : *Vsu iam nesciant* 280,14 : la phrase est mutilée, comme l'indique M. Seeck, mais la lacune doit être placée entre *usu* et *iam*. *Poscere quam ceteros* 337,18 : phrase corrompue, et qui probablement allait jusqu'à *opto iurare*. *Numquam me paenit<et>, et quod...* 11,6-7 (cf. Kroll p. 72, qui cite inexactement) : lire *paenit<ebit>, et quod... Timeri iam nesciunt* 334,13 : la métrique appuie la correction *timere*. *Si ita-uis Atticis* 23,17 : voir ci-dessous § 200. *Tibi non sordeat* 18,2 est d'Ausone.

La métrique écarte la conjecture *laudabili uoluntate commendationem non differo* 237,24 (Schenkl, *Wochenschrift für klassische Philologie,* 1885, p. 118). Elle écarte la conjecture *promiscua cum plurimis* 28, 22-23, à moins qu'on ne croie pouvoir écrire *promisca*.

65. Type *ĭtĕrātĭo*, irrégularités : *Iuuenem terror excusat senem miseratio* 319,33 : phrase pour moi inintelligible. *Locupletissimum uadimonium* 47,21 : voir § 25, p. 15, n. 4. Cf. § 188.

66. Choisir la leçon *testetur iteratio* IX 45 : le *etiam* inséré par l'édition de Scioppius est peu satisfaisant même en dehors du mètre ; cf. § 79 l. 2. *Filio properauimus* ou *praeparauimus* ou *imperauimus* 272,22; *properabimus* Seeck. La métrique prononce pour le verbe *praeparare*. On choisira le futur (et non le présent *praeparamus* proposé par Martin Lypsius) à cause de la vraisemblance paléographique, et parce que Symmaque s'occupe longtemps à l'avance (voir § 59) de l'achat des ours dalmates que son jeune fils donnera en spectacle. — La métrique condamne la conjecture *optauerat Alamannia* 322,28 (*optauit* le palimpseste).

67. Type *ămīcōrum*, irrégularités : *Theatri uoluptates* 288,26. *Trānquillum redegisti* 277,25 n'est probablement pas la fin de la phrase; ce qui suit immédiatement est corrompu. *Scriptum recepissem* 84,21 est altéré, comme l'a senti M. Seeck (j'hésite à proposer *scrinium recepissem* « j'aurais accepté cet emploi », au figuré; cf. § 80; ce serait une tournure humoristique comme Symmaque n'en emploie guère, car son style a sa façon d'être sain et naturel). *Posse reseruari* 208,20 : la métrique appuie la conjecture *reserari* (cf. 106,8). *Perlatore recognosces* 246,29 : elle appuie la correction *cognosces*. *Incudas pepercisse* 267,1 : elle appuie la correction *inuidas*. *Decus suum receperunt* 334,9.

68. La métrique condamne la conjecture *plerumque repressisti* (pour *resisti*) 245,12. Cette conjecture est d'ailleurs à contre-sens; le contexte indique de lire *risisti*. — La métrique appuie la correction *morbus inhibebat* 35,19 (pour *inhaerebat*), conjecture d'un copiste. Elle autorise 28,25 l'athétèse de *muneribus* après *seriis remissisue*.

69. Exemples de spondée devant un mot final du type *ăgĭlĭtātem* : devant le mot *celeritatem*, on a *nuntiorum* IV 55, *nostri* IX 118, *cupitorum* 83,27; devant *satietatem*, on a *remouisset* IX 28, *officiorum* 89,28, *uoluptates* 185,17, *castigas* 186,29; — en outre on a *resistunt cupiditati* 282,26; *fortunam superiorum* 116,27, *examen superiorum* 246,21, *confirmant superiores* 334,4; *missis renumerabo* 120,15; *indixit religionem* 97,6, *pignus religionis* 121,10, *inuitatrix religionis* 28,10; sur *causam religionum* voir § 41,15 n. On peut ajouter (à la fin d'un simple membre de phrase) *aeternum repudiatis* 46,20, *lucem superiorum* 46,21, *amicorum facilitati* 53,20, *cessuram facilitatem*

66,19, *rebus faciliora* 98,29, *naturam faciliora* 107,25, *sedem religionis* 118,23, *soluit religione* 183,4, *uerbis tripudiasti* 244,9. 28,26 la disposition antithétique indique de ponctuer : *reperies hominis tectam fidem* patentem religionem, *prudentiam liberam uerecundiam liberalem*.— Exemples d'un polysyllabe à pénultième brève : *explebor gaudii satietate* 223,20 (on ne pourrait prononcer *gaudi* : v. § 25, p. 13), *officiorum familiarium societatem* 98,1, *ingeniorum sublimium uarietati* 110,21, *prosit mihi ad ueniae facilitatem* 73,23, *hereditatis onera repudiasti* 334,22; tous ces passages seraient faciles à corriger par interversion, mais il semble naturel que le type *ăgĭlĭtātem* soit traité comme les types équivalents *ărĭdōrum*, *ămīcōrum*. Cf., à la fin d'un membre de phrase, *litteris initiatur* 104,35, *ueniam superiorem* 109,19, *familiarium religionem* 87,14; cf. aussi les phrases terminées par un mot comme *familiaritas*, § 118. — On peut considérer comme équivalent à un polysyllabe le groupe trisyllabique pénultième de *non minus tibi quam mihi familiaris* 31,8 et celui de *uerteretur in notam timiditatis* 172,11. Il faut probablement corriger par interversion 75,18 *si* tua offensio *imitaretur tacentem quam si* ausus meus *superiorem*, et de même 184,23 *inuides nobis exoptatissimam tui societatem;* toutefois on fera bien de suspendre son jugement sur ce point, jusqu'à ce que la métrique de Symmaque ait été éclairée par celle des autres prosateurs. *Adferant negant satietatem* 137,30.

70. La rareté du type *agilitatem* est peu favorable à la conjecture *suspicor aditionis* 326,29, approuvée par M. Schulze p. 133 (la métrique défend d'ailleurs d'adopter la lecture de M. Kroll, p. 17 : voir § 206).

2. *Mot (ou groupe) final de trois demi-pieds.*

71. Est inusité en fin de phrase le type *ăgĭlĭum* (§ 9). *Commendationem sui tribueris* 86,21, à la fin d'un membre de phrase : lire *tribuis?* Il faut prononcer longue l'initiale du mot final dans *lege pigritiae* 231,30; de même l'initiale des diverses formes d'*adicere*, c'est à dire *ad-iicere*, par exemple v 90, 65,35, 269,31 (et, dans une lettre de Symmaque le père, 3,4). Sur ces deux points, Symmaque suit la prosodie de Virgile. *Didiceram* 242,4 est une mauvaise variante pour *duxeram*.

72. La métrique condamne la conjecture *repeteres* 86,24. Ce n'est pas *repetis* qui doit devenir un imparfait du subjonctif, c'est le *Cum* initial qui doit être changé en *Dum*. Cf. les variantes 263,23.

73. Est quasi inusité aussi le type *bĕnĕfĭcĭum. Irriti beneficii* 243,14-15 est-il bien la fin de la phrase, qu'on pourrait arrêter à *sperata iactatio?* ou bien est-ce le commencement d'une phrase mutilée? dans la même lacune a pu périr le *tua* que supplée plus loin M. Seeck. Les mêmes mots *irriti beneficii* reviennent 267,17 à la fin d'un membre de phrase, ce qui conseille la prudence; cf. aussi § 193.

74. Tous les autres types sont usités. Les règles métriques sont exprimées par le tableau suivant :

		Nombre des exemples en fin de lettre.
ōrĭs (ou, devant un mot ou groupe trisyllabique, *ănĭmŭs*, § 75)	*ēlātum*[1], §§ 79-80	207
	āmŏuĕam[1], §§ 81-82	98
	ĭtĕrātum (c'est l'*esse uideatur* de Cicéron), §§ 83-84	54[2]
	ōs ăgĕre[1], § 85	8[3]
	ōs ōre, §§ 85-86	5
	ĕt ămōris, § 87	1
ĕras, ĕris (ou *scripsĕris, fuĕris*, §§ 76-78)	*ārĭdum*, §§ 88-89	28
	aut ĕram, § 90	2
ōrās	*ămīcum*, §§ 91-92	13[4]

75. Tribraque remplaçant un trochée pénultième : *aliquid optamus* IV 6, *citius excurras* VI 36, *merita praestabunt* VIII 13, *subita turbassent* 8,11 *subita praeuortant* 75,21, *merita uirtutis* 12,24, *habeo conpertum* 22,23, 85,25, *reliqua coniectes* 54,17, *facile dinosci* 67,8, *sufficere collegam* 25,31, *sollicita miscebant* 60,22, *laetitia dictauit* 95,5, etc.; — *usucapere non possit* III 12, etc.

76. Mot polysyllabe remplaçant un disyllabe pénultième :

1. Voir § 12. *Esse multatos* 52,20, *moliretur inuidia* 52,18, *defensione non tacui* 52,21, sont dans un postscriptum autographe.

2. J'ai supposé V 14 *nostra reparabit* au lieu de *reparauit* (cf. Schenkl, *Wochenschrift für klass. Philol.*, 1885, p. 118); cette correction, d'origine probablement conjecturale, est donnée par le manuscrit *M;* la conjecture *reparauerit* est admissible aussi.

3. *Conuiua non dero* VII 30 est à reporter au type suivant si la prononciation de Symmaque était *dēro*.

4. Les exemples du type *ōrās ămīcum* sont relativement plus nombreux à l'intérieur des lettres : il y en a 13 dans les 16 premières pages de Seeck.

suffragiis credidi III 7, *solacium proficit* II 57 (on pourrait intercaler *tuum*), *dolor omnium fecerit* REL. 11 (on pourrait intervertir), *ceteris praestitit* 20,22, *litteras scripserit* 33,30, *ambiguo conloco* 35,25, *condicionibus iudicat* 48,27, *diuturnitas fecerat* 72,5, *iustitiae publicae* 85,16, *bono principi nascitur* 88,10 (on pourrait intervertir), etc.; *communibus non libet* 44,26, etc. Les 54 premières pages de M. Seeck présentent 29 exemples d'un disyllabe devant un mot final comme *ārĭdum*, en dehors des fins de lettre et devant une des ponctuations (.?!). En fin de lettre, l'ensemble du recueil présente 23 cadences du type *ĕrās ārĭdum*, 2 du type *ĕrĭs ārĭdum* (*beneficia tua diligas* IV 4, *securitas mea nuntiet* V 33). *Ingenium meum non dedit* VII 60, *amoris fides non uĕnit* V 6 (s'il fallait entendre *uēnit*, l'ïambe *fides* serait remplacé par un trochée); *officiorum modum non tenet* 69,4, etc. — Ne pas confondre les fins de phrase du type *meum non-dedit* avec celles du type *factus-est honor* (§§ 191-192).

77. En fin de lettre, un groupe final comme *ĕrās ārĭdum* est précédé, dans 15 exemples sur 23, d'un polysyllabe à pénultième brève; mais on a *honori et meo muneri* I 75, *tuas cum meas sumpseris* V 12, *quia sapor dulcior* VIII 62, *communitate parem sentiat* II 79, *nauis·tuae casibus* IX 117, *offendit deam sobriam* V 85, *permissis tuo cedere* VII 69, *in suspicionem uenit gratiae* IV 64.

78. La forme disyllabique ou polysyllabique de l'avant-dernier mot, la quantité de sa finale quand il est disyllabe, celle de sa finale et de son antépénultième quand il est polysyllabe, la forme du mot qui le précède, auraient besoin d'une étude spéciale; cf. § 57. Cette observation s'applique non seulement aux phrases terminées par un mot du type *ārĭdum* ou un groupe équivalent, mais aux phrases, étudiées ci-dessous (§ 93), qui finissent par un mot du type *ōre* ou du type *ăgĕre*.

79. Type *ēlātum*, irrégularités : *Sermo quoque iungatur* 93,17 : ôter *quoque* (cf. § 66 l. 1). *Medio* (ou *medico*) *sanari* 115,16 : lire *medente* comme 277,5 (ou *medicante*). *Optio meritis non excitata cessauit frenata* 118,11, antithèse boiteuse : insérer un ablatif en *ĕ*, *cunctatione, pudore*... *Taciturnitatem iuuisti* 184,7 : la métrique appuie la conjecture *taciturnitate*. *Largitioni mutari* 57,14, *opinioni delector* 233,15, *saeculo tuo profecit* 336,8 : elle appuie *largitione, opinione, proficit*. *Partem cogentum* (cf. § 180 n.) 67,9 : elle appuie *parte* (l'*m* est exponctuée dans le manuscrit de Paris). *Finem uitae soluatur* 307,14 : lire *in uitae fine*. *Consul excolat, excoluit, excolostat* 89,6 : la métrique appuie la conjecture *exsoluat*. *Amore* ***cessit* 67,23, à la fin d'un membre de phrase : lire *decessit*.— *D. n. Honorius adiecit* 99,7, à la fin d'un membre de phrase : insérer une épithète, cf. 134,17 *d. n. Valentinianus Augustus*, et 99,29 *d. n. Honorii Aug.*, 102,3 *d. n. Honorio diuinae stirpis Augusto;* ces sortes de formules ont souvent lassé la patience des copistes, et je me figure que les lettres originales de Symmaque, surtout quand elles étaient adressées à un personnage comme Stilichon, présentaient des lignes entières de qualificatifs impériaux. — *Possidentem matronam* 138,28 est absurde (voir les lettres 54 et 66); il faut quelque chose comme *possidentem* <*antiquitus praedium*> *mancipem* (pour l'échange entre *p* et *n*, voir § 80). *Edecument lectoris* 190,16 : la métrique appuie la variante *lectiores*, qui semble être d'origine conjecturale. *Conperendinatio differret* 308,32 : lire *differat?*

80. *Bosisfacti deberi* 326,8 est une leçon douteuse du palimpseste; la métrique écarte les conjectures comme *benefacti*. Elle écarte les corrections *euocatio temptari* 60,28, *laudes tuas uitamus* 72,17, *oraculi diuini* 100,22[1], *gratia uirtutis* 267,1 (cf. Kroll p. 70), *ad famem procliuus* 44,6-7, *inuerecundior aduentus* 266,2, *necessitas coniungit* 269,12-13; *ore populi Romani* 289,27; elle est défavorable à la conjecture *ferarum* ou *ferae praeuentus* 325,22 (Novák, *Listy filologické a paedagogické*, XIII, 1886, p. 19, et communication privée faite à Sittl, *Jahresbericht* LIX p. 106). *Malebas potentiam tuam interim frui aemulum quam longa inpunitatem uicinum* 322,26 : lire avec le correcteur du palimpseste *potentia tua* et *longa inpunitate*, ce qui profitera à la clarté. *Subripuisset aurum...nis* 335,17 : lire avec Haupt *subripuisset aerumnis* et *non subripuit istis aerumnis*[2]. Choisir l'ordre *securitas sermonis absoluat* VIII 73; il s'est conservé dans le manuscrit d'extraits F^3 (§ 154) alors que F^1 et F^2 omettent *sermonis*. *Esse seruorum* 316,19 : placer la lacune avant *esse* et non après. Choisir *pollicere fortunam* 15,17; il est tombé un sujet de cet actif rare (*omnia, deos, principem?*), et la chute de ce sujet a rendu la substitution de la flexion passive inévitable. Choisir *opere respiro*

1. Le manuscrit unique donne *ex mora et cunctatione rescripti atque diuini; atque diuini* doit terminer le membre de phrase (ci-dessous § 210, note) et ce qui manque est un adjectif; cf. 103,30 *clementissimum diuinumque principem*, 128,9 *d. n. Theodosii sacro diuinoque iudicio*.

2. *Seruabit* 335,18 est donc pour *seruarit*. *Aurum...nis* pour *aerumnis* montre que dans *non ferro pellimur non* auro aut aere *fraudamus* 326,33 il y a simplement une variante de copiste et non une double rédaction de Symmaque : jamais il n'a pu finir une phrase par *auro fraudamus*.

(et non *ope*) 52,31. *Scripta* (ou *scrinta?*) *corrumpat* 110,30 (cf. la variante *scripta* pour *scrinia* 299,5 et, pour la substitution de *n* à *p*, cf. IX 46 *saepius onerasti* pour *saepe superasti*, § 84[1]); écarter la conjecture *scrinia*, sur laquelle M. Kroll p. 89 fait à bon droit ses réserves. *Habent oranda* 114,6 : placer la lacune avant *habent* et non après. *Cadere pro uoto communi* 117,5 : rapporter *communi* au datif qui suit, non à l'ablatif qui précède. Choisir 279,9 l'ordre *electus existimer* donné par l'édition de Gelenius : la métrique confirme l'idée que cette édition a la valeur d'une source, selon la doctrine que j'ai soutenue contre M. Guillaume Meyer (*Revue critique*, 1873, II, p. 249) et que M. Seeck a depuis adoptée. De même il faut lui prendre la bonne variante *congesta praestatis* 287,9 (au lieu de *congeste praestabitis*). *Intemperantia uexor umorum* 54,34 : garder cette leçon et écarter *rumorum*, conjecture faite au moyen-âge par un correcteur ignorant en orthographe[2]; Symmaque donne des nouvelles de sa santé et ne parle pas politique.

81. Type *āmŏuĕam*, irrégularités : *Acciri debuerat* 297,17, *solacia suggerimus* 192,18, *felicius disserimus* 333,2 : la métrique appuie les conjectures *accire, suggeremus, disseremus*. *Gloriae detrahitur* 272,12 : lire *detrahetur*. *Iusseris prosequitur* 91,25; en ce qui touche le temps du verbe, la métrique appuie la conjecture *persequetur*. *Vinces officiis* 331,16 (fin d'une phrase mutilée) : lire *uincis*[3]. *Iamdudum tibi stilus meus facit auspicium* 127,30 : lire *fecit*. *Ignoratis* ou *ignoranti adripiat* 107,29 : la métrique appuie la conjecture *ignoratus*. *Adis imperio* 325,35 : elle appuie la conjecture *addis*. *Populo suscipimur* 325,32 : elle appuie la conjecture *suspicemur*. A la

1. Inversement, à ce qu'il semble, *postea* pour *nostra* 127,6, *scriptis* pour *scriniis* 36,20 (§ 98), cf. 299,5. *Voluptate* pour *uoluntate* 262,28 (Schenkl) et ailleurs. Cf. §§ 28, 59, 62, les altérations présumées de *puriorem, Apulia, sensus*. Juret a corrigé 15,2 *honoribus* en *potioribus*, Mercier a proposé 40,24 *operis* pour *oneris*, Scioppius 79,13 *earum* pour *parum*.

2. Le principal manuscrit a de première main *amor* pour *umor* 58,4; M. Seeck n'aurait pas dû admettre le barbarisme *humor*. Ce n'est pas que l'autorité du manuscrit de Paris soit grande, car il donne par exemple *umo* pour *humo* 28,3. Mais en général M. Seeck sacrifie trop facilement à l'orthographe moderne, par exemple quand il remplace par notre affreux *cothurnus* l'excellent *coturnus* du palimpseste 328,30 et celui de *PVM* 36,24. *Turno* 5,10, *torno* Seeck : *turnus* pour τόρνος est très régulier, et s'est conservé dans les langues romanes. — 228,11 le *humor* de Juret représente sans doute *umor* du manuscrit. 230,9 *humore* est donné par des manuscrits du XIIe ou XIIIe siècle.

3. Ici, par une rencontre rare, et grâce à la métrique, il est possible de corriger ce qu'il n'est pas possible de comprendre.

fin d'un membre de phrase, *ūti ferinis uisceribus* 144,1 : lire *ŭti* (ou *ut*) *ferinis uisceribus <uescar>? Rei publicae profuerant* 308,24 : lire *profuerunt*.

82. *Exemit inuidiam* 123,13, la métrique condamne la conjecture *eximet;* en revanche 76,8, *honestius officii,* elle appuie la conjecture *honesti usus.* Devant *accipere* elle exclut la restitution de *putat* (*uidetur* irait) 249,23. *Munus exhibuit* 198,12 est la fin d'une phrase mutilée, non d'une glose intruse. Dans *occupationis abstineas* 214,22, *occupationis* n'est pas une portion de glose. *Ademptum generale tibi perfugium* 127,28 : insérer par exemple *omne? Communi cura prospiciet* 57,14-15 : au lieu d'admettre après *cura* la chute d'un nom propre (ce que paraît supposer M. Seeck), lire *Domitii cura prospiciet?* cf. 65,12. La métrique garantit la construction accusative *potiris merito summa iudicia* 12,8, signalée à côté de *fungi debitum meum* 12,4 par G. Boissier, *Journal des Savants,* 1888, p. 599, note. Le tribraque étant admis devant un mot du type *elatum,* mais non devant un mot du type *amoueam,* la métrique écarte 276,12 la conjecture *placita promoueat*[1].

83. Type *ĭtĕrātum,* irrégularités : *Plenum patiuntur* 47,15 : la métrique appuie la variante conjecturale *plena. Opta sociare* 62,30 : elle appuie la conjecture *opto. Vbidiouis inolescant* 331,12 : la métrique appuie la conjecture *uuidioris* (« ita Kiesslingius rectissime emendauit » Schulze p. 159 n.); elle condamne la conjecture de Bährens, *uuidi ocius,* que M. Kroll (p. 44, note) trouve presque certaine. *Imperii breuiores* 322,27 : insérer *esse. Nicasii laudabiles mores et honestum institutum didicisti* 47,20 : lire *honesta instituta. Rusticari te adseris...,*

non hoc litterae tuae sapiunt, *nisi forte Gallia tua dedux* (ou *dedux sit*) *Heliconis* 234,4. Lire *Gallia riuos dedux̄,* c'est à dire *deduxit,* et effacer des dictionnaires le barbarisme *dedux* « originaire, issu de »[2]. *Reliquens Orienti* 321,32 (*sic* Seeck) : lire *relinquis.*

84. IX 46 choisir la leçon *saepe superasti* (et non *saepius onerasti;*

1. La conjecture *inuideas* est métriquement bonne 265,11 ; au lieu de *quod saeculo nostro Tullianum stili* fame *parcus* inuadas, je lirais l. 10-11 : ...*lumen parcus inuideas.* M. Seeck lit *tam parcus inuideas;* M. Kroll, p. 62, a raison de faire ses réserves.

2. Depuis Eckhel on cite aussi un *dedux* signifiant « fondateur » ; cette forme extraordinaire se trouverait sur une monnaie de provenance incertaine, publiée par Pellerin, *Recueil de médailles,* t. III, pl. CXVI, 1 (Paris, 1763). Mais, comme le dit fort bien Pellerin p. 126, « le mot *dedux* est pour *deduxit* ».

sur la substitution de *n* à *p* voir § 80). 49,13 tout plutôt que la conjecture *salubritatem potuissem;* les manuscrits ont *salubritate potuissem, salubritatem* (cf. § 82) *potiri*. Choisir 50,11 *conferre patiaris* (non *conferri*, qui d'ailleurs laisse la phrase inintelligible). On lit 77,28 *innitere quaeso te ut non minus religione quam oratione probatus habearis*, puis : *ut sicuti oratione mirabilis es ita religione lauderis*. Les deux portions de texte commençant par *ut* font double emploi, et il faut sacrifier l'une à l'autre. Juret et M. Seeck suppriment la première; c'est la seconde que je supprimerais, car l'antithèse n'y est pas formulée avec la même élégance mathématique. Mais toutes deux sont selon la métrique de Symmaque, et toutes deux sont de lui; il a refait sa phrase lui-même, et les copistes nous ont transmis à la fois le brouillon et le corrigé, ou peut-être (§ 31) la formule admise dans une ancienne lettre et la correction qui lui fut substituée dans une lettre nouvelle. *A petitore teneatur* 294,19 : la métrique écarte la conjecture *petitori*.

85. Exemples du type *ōs ăgĕre* : *ualetudo non potuit* IV 41, *expectare non potui* VII 24, *imminere quod timuit* I 61, *fuisse quod silui* V 70, *merebor ut uenias* VII 17, *esse tam cupidum* IV 16, etc. Exemples du type *ōs ōre* : le groupe final est *non possis, non possunt*, etc., I 78, REL. 21, 13,4, 38,4, 58,1, 89,8, *quae scripsi* III 3, *quod suades* 27,3, *quam iustam* 5,29, *quam ueri* 40,2, *quam famam* 52,11, *cum paucis* 28,23, *ad laudem* 40,1, *de nobis* 43,31, etc[1]. — Irrégularités : *Animi non posse* IX 71, dans une incise d'ailleurs altérée (il manque un *ut* initial); la lettre n'est connue que par le manuscrit perdu de Juret, et on n'a pas de témoignage explicite sur ce qu'il donnait ici; il manque à la fin quelque chose comme *superari*, pour faire antithèse avec le *praeueniri* qui précède. *Vacuum esse litteris non patiar* 256,11 (même lettre) : lire *litteris esse? Habeat non uideo* 101,1 termine un simple membre de phrase; le sujet d'*habeat* paraît manquer, comme l'a senti M. Mommsen.

86. *Minus tamen est uera* 260,11 : choisir la variante *uera est*.

87. *Sermonis et amoris* III 9, *largus et honorum* 13,3.

88. Type *ārĭdum*, irrégularités : *Spectant omnia* 278,2 est dans un passage plein de fautes. *Mensis exigit* 25,30 : lire *exegit*. *Iuuat autem desiderium illius iustitia postulati, nam germanos suos Nicasium et Rogatianum negotium com-*

1. *Desiderata-sunt misi* 169,28 devrait être classé au § 94 plutôt qu'ici : voir § 191.

mune curantes, *uel ad disceptationem Numidici consularis* remitti postulat *uel quod ei antiquius est te potissimum cognitore mauult quam primum molestiam litis absolui* 31,9-12 : *remitti postulat* est vicieux métriquement, *postulat* est inélégant après *postulati* (cf. § 213), il y a dyssymétrie, et *mauult* est de trop avec *ei antiquius est*, dont il semble être la glose. Je lirais : *<uult> uel ad disceptationem N. consularis remitti,* *uel quod ei antiquius est te potissimum cognitore,* *quam primum molestia*[1] *litis absolui*. — *Subpalpandi nescius* 37,10 cache une allusion poétique[2]. *Stetimus officiis religionis hactenus pares,* *nunc tibi sine* cunctatione cedimus. *puto tibi sufficere ad uicem tantae gratiae uicti confessionem* 80,10 : on pourrait songer à transporter le premier *tibi* soit avant soit après *cedimus*; mais je crois plutôt que devant *cedimus* il faut insérer *nos*, de façon que la dissemblance des tournures *stetimus, nos cedimus* corresponde à la différence du sens. *Simulque deprecor* 129,31 à la fin d'un membre de phrase : insérer *te*? — *Sed idem qui peccatum uito desidiae,* *aeque in scribendo longus esse desino* 88,27 (non-sens; l'incise fait par hasard un sénaire à la Phèdre) : lire *declino* « j'évite ». *Amore falleris* 260,13 : la métrique appuie la conjecture *fallaris*. *Commendat cognitos* 160,7 : elle appuie la conjecture *incognitos*. *Vrbis accipit* (ou *accepit*) 284,25 : elle appuie la conjecture *acciuit*. *Speranda differis* 321,14 : elle appuie la conjecture *differres*. *Admonere* (ou *-ri*) *potius te* (ou *potius*, ou *te potius*) *quam rogare* (ou *-ri*) *conuenit* 272,19 : placer *te* après *rogare*.

1. Correction de Lectius. Le sujet d'*absolui*, comme de *remitti*, est *germanos suos*.

2. Cf. Kroll p. 28. *Ne dicam dolo utpote subpalpandi nescius :* les trois premiers mots forment une fin de vers comique (Plaute, *Men.* 228; *haud dicam dolo, Trin.* 90; *ne dicam dolo,* Térence, *Ad.* 375). *Subpalpari* n'est connu que par un passage de Plaute (*Mil.* 106), et *subpalpandi nescius* forme un second hémistiche de sénaire ou de septénaire. — A quel comique Symmaque emprunte-t-il ces bribes de phrases? sans doute à son correspondant lui-même (Antonius, qui fut préfet du prétoire des Gaules en 376 et consul en 382). Les mots *non negant facundiam tuam curiae magis quam caueae conuenire* (36,23-24) font supposer à M. Seeck (p. CIX) qu'Antonius écrivait des tragédies, mais ces mêmes mots me paraissent indiquer plutôt des comédies, et des comédies sans prétention. Il peut n'être pas désagréable de s'entendre dire qu'on est plus grand comme orateur que comme auteur de pièces légères, mais serait-on prêt à sacrifier, même à ses propres discours, les discours non moins nobles qu'on aurait mis dans la bouche des héros et des dieux?

Interiora quaereres 325,6 n'est guère satisfaisant pour le sens : lire *quassares? Tribuat aduentus omnium* 50,26, à la fin d'un membre de phrase : *omnium tribuat aduentus? Seueri filiis* 209,25 à la fin d'un membre de phrase : il y a chance que le nom propre soit altéré (*Seueri* a pu être suggéré aux copistes par 208,14); il faut donc suspendre son jugement sur ce que M. Seeck a conclu de notre passage p. CXCII n. 975[1]. *Captanda sunt nobis plerumque intemptata* scribendi semina, *quae fastidium tergeant*[2] *generalium litterarum* 54,8 : il s'agit d'assaisonnements propres à réveiller l'appétit, car Symmaque, ingénûment, se déclare écœuré de la banalité de ses propres lettres. On lira donc *scribendi cymina;* cf. Plin. *h. n.* XIX 160, *fastidiis cuminum amicissimum. — Possit adici* 319,8 : lire *adiungi? addici* vient d'abord à l'esprit (cf. dans le même palimpseste *adis* pour *addis* 325,35 ; § 81), mais ce mot ne semble pas donner un très bon sens. *Ipse uideris* 2,27, 79,14; insérer *tu?* mais il n'est pas indispensable de ponctuer en ces deux endroits. *Pono gratia* 124,21 : voir § 31. Symmaque écrit à Ausone 13,6-8 : *sed fessus uirium quas diu morbus exhausit, itiones longas et* mansiones asperas, *tum accessiones frigorum et decessiones dierum, quaeque alia sunt noxae opportuna uitaui.* La seconde incise paraît faire allusion à un passage de Térence (*Phorm.* 1012, *Haecine erant* itiones *crebrae* et mansiones *diutinae?*); c'est ce qu'a déjà signalé M. Kroll p. 31 ; on peut se demander si elle n'est pas censée représenter un vers à la Térence (ou un vers à la façon du *Querolus*), cf. § 216. *Maiore copia* 28,15 : ponctuer n'est pas indispensable; une ponctuation sera licite si on écrit avec M. Seeck *maior es.* — *Imples omnia* 18,4 est d'Ausone.

89. *Vnanimitatis expecto* I 34 : la métrique condamne la conjecture *expeto :* c'est un des quelques changements vraiment gratuits que M. Seeck a fait subir au texte donné par les sources (cf. 269,21 *fultis*, bien mal à propos substitué à *multis* qui donne un sens excellent). *Stipulator adiuueris* III 87 : la métrique condamne la con-

1. Il est d'ailleurs peu probable que Symmaque, dans les circonstances données, désigne quelqu'un par un *cognomen* aussi répandu que *Seuerus;* même l'addition *inlustris memoriae uiri* ne vaut pas un second nom qui précise. Aux historiens d'examiner s'il n'y aurait pas lieu de lire *Siburii* (sur Siburius, préfet du prétoire des Gaules en 379, voir Seeck p. CXXX).

2. Même expression 78,11 ; cf. *fastidium detergere* 14,2, 109,3, et voir aussi Columelle VIII 10; Symmaque dit indifféremment *nubem tergere, detergere* ou *abstergere,* Kroll p. 58.

jecture ingénieuse de M. Seeck (*bona coniectura*, Schulze p. 125) *adstipulator iuueris* (on peut lire *adstipulator adiuueris*). *Ad uenustatem uigeret* 16,5 est peut-être corrompu, mais la métrique condamne la variante *uergeret*[1]. — Choisir la leçon *adfecto mihi gratiam* 71,26 (et non *adfecto gratiam*).— *Valetudinis meae uigor coepit adsurgere. fas est ut iam de me scribendi adsiduitas exigatur. maneat tantum sanitatis fides quam plerumque sollicitat hiemis iniuria. nimis enim tenera atque inbecilla est ratio conualescendi, et ante medicas manus opem caeli clementioris* expectat sanitas. *ne tibi uideor medendi artem morbi diuturnitatem dedisse* 83,3-7. La cadence est vicieuse et la phrase *ne tibi... dedisse* est inintelligible. Cf. Schenkl, *Wochenschrift für klass. Philol.* 1885 p. 118. Le vrai texte doit être à peu près : *...clementioris expectat. sanitasne <haec est an> tibi uideor medendi arte m<ihi> morbi diuturnitatem dedisse*[2]? — *Sermonis auxerunt* 103,13 : la métrique condamne la conjecture *adferunt* (elle condamne aussi *quaerunt*). *Et amoris signa praeferet* 105,13 : au lieu de la lacune que M. Seeck suppose après *et*, il faut en supposer une après *signa*. Au lieu de *me sentio, me esse sentio* 136,30, lire *esse me sentio*. *Prima notia* 318,14 : corriger avec Mai *notitia* (cf. Schulze p. 155-156), et non avec M. Seeck *notio*. *Aestimandas praetulit* 170,9 doit être remplacé par une autre conjecture. *Fortuna praestitit* 268,25 : préférer la variante *praestiterit*.

90. Type *aut ĕram*, irrégularités : *Mollis est animus diligentis, et ad omnem sensum doloris argutus. si neglegentius tractes cito* marcet ut rosa, *si durius teras liuet ut lilia* 19,8-10. Au lieu de *ut rosa*, Symmaque aurait-il écrit *ut rosula?* Ce mot, qui manque dans la septième édition du dictionnaire de Georges, paraît avoir été employé par Dracontius; il se retrouve dans une inscription de Nicopolis en Mésie (*C. I. L.* III 754). Le diminutif conviendrait assez au ton un peu mièvre de tout le passage. La variante *mulcet* pour *marcet* s'expliquerait par une correction fourvoyée. Symmaque paraît être le seul écrivain qui ait dit *bibliothecula, preciculae* (Schulze

1. La comparaison de Plaute, *Mil.* 657, *tu quidem edepol omnis moris ad uenustatem uacet* ou *uicet*, condamne aussi la conjecture *uetustatem* de Juret. Je lirais dans Plaute, après Brix, *ad uenustatem ueges* « tu rends aimables ». De même dans Symmaque, avec allusion au passage de Plaute et par opposition à *philosophiam fastu et habitu mentiuntur*, je propose *ad uenustatem uegeret*. Il est clair par le contexte que Symmaque entend apprécier dans son philosophe non pas le théoricien plus ou moins profond, mais l'*honnête homme*, au sens du XVIIe siècle. La *germana sapientia* qu'il loue est une qualité mondaine.

2. *Diuturnitatem edidisse* (Schenkl) serait métriquement défectueux.

p. 164, 166[1]). — *Vestros non cadit* 282,24 : voir § 41,12 note.

91. Type *ămīcum*, irrégularités : Sur les phrases terminées par *ōmitto*, *rĕferre*, v. § 25. *Ea* (vos présents) *nobis in commune quam* (variante *omne quantum;* cf. Kroll 79) *cara et* grauia fuere, *nam siquid in absentes bene consulas, inpensu maiore gaudetur* 8,7-8 : Symmaque emploie d'ordinaire le parfait en -*erunt*[2]; lire par exemple *fueri<nt noui>, nam...* — *Nihil insidiatori meo loci relictum* 15,16 : insérer par exemple *noxae*. *Statueramus in externis adhuc morari* 25,28 : insérer un substantif comme *uicis, terris, fundis?* Je croirais plutôt qu'*adhuc* est une corruption de *ad h. oct.* (le copiste de Γ écrit *adhoc* 2,5). Cette lettre paraît avoir été écrite vers septembre, Seeck p. LXXXVIIII et CXX. Elle serait écrite en août, si le service pontifical de Symmaque, *officium stati mensis*, va du 1er septembre au 30[3]. — *Nihil enim meorum sine boni cuiusque* auxilio placeret. *rem loquor omnibus notam, mihi numquam tacendam, hoc amici hoc aemuli sciunt* 96,8-10 : avec le conditionnel *placeret*, il faudrait *tuo*, ou *boni alicuius*, non *boni cuiusque ;* lire *placet* (le *rem* qui suit a pu donner occasion à la faute). — *Ambiguus... deliberatione sequestro* 175,10 : corriger *deliberationem* (cf. 258,27 *laudem sequestro*) et non pas *ambiguum*. *In concordiam me cum sanitate redire* 175,17-18 : lire *mecum sanitatem*, comme 23,11 *ualetudo tecum reuertit in gratiam*, 96,18 *tecum ualetudo in gratiam rediit*, 102,14 *spero in gratiam mecum bonam ualetudinem mox esse redituram*, 152,5 *tecum bonam ualetudinem redisse in gratiam nuntiasti*, 86,4 *diu a me bona ualetudo dissensit*, 98-99 *cum illo honor amissus reuertit in gratiam*, 199,16 *fortuna cum ciuibus no-*

1. M. Schulze lui attribue *indiculus;* mais Symmaque n'emploie qu'*indiculi, indiculo*, qui viennent d'un *indiculum* connu d'ailleurs. Quant à *nepticula*, on le retrouve dans les notes tironiennes, p. LXXX du recueil de Gruter, et on a *nepticla* dans l'*Appendix Probi* (p. 199,1 Keil); le *nepticula* de Symmaque est d'ailleurs un ἅπαξ εἰρημένον dans les textes proprement littéraires.

2. *Mutauere* 278,3 paraît être un mot corrompu (§ 205). *Diuisere gentes* 330,9 donne une cadence rare. On retrouve pourtant *fuere* 57,25.

3. Pour bien comprendre ce passage, se rappeler que 25,30 il faut *exegit* au parfait (§ 88). — M. Schulze p. 214 se demande pourquoi Symmaque, et les écrivains des bas temps en général, remplacent *morari* par un de ses composés : le plus souvent, je pense, c'est pour le mètre. Aussi n'est-il pas croyable que Symmaque ait admis une cadence fausse comme *adhuc morari*, quand il avait tant de moyens de clore sa phrase suivant les règles.

stris reuertit in gratiam, 207,5 *credo cum eo omnia in gratiam esse reditura,* 202,30 *sed illa quoque* (c'est à dire *hominum cura*) *cum eo in gratiam si faueris reuertetur,* 262,27 *cum utroque nostrum redeat in gratiam* (le sujet grammatical serait *inuidia*, mais ce mot est loin et l'idée a dévié), 108,21 *cum sententia mea in gratiam reuerteris.* Le sujet de *in gratiam redire* ou *reuerti* est toujours ce qui donne la faveur, non ce qui la reçoit. — *Venerabilem nobis Romam laremque petemus* 223,19 (on n'a ici que les manuscrits d'extraits) : lire *repetemus. Veritas iuuari* 237,9 : la métrique appuie la conjecture qui intercale *uerbis. Arte fugari* 298,34 : elle appuie la conjecture *fucari. Mutuum dolorem* 243,16 : elle appuie la conjecture *mutum*, que fortifient d'ailleurs les rapprochements faits par M. Kroll p. 60. L'insertion <*numquam*> *putaui* 244,4 est métriquement bonne. *Nobiscum saepius loquendi* 259,9 : lire *conloquendi. Intra* (lire *inter*) *nos stilus quieuit* 262,17 : lire *stili usus* comme 101,30, 117,4, 124,22 (cf. § 82 l'heureuse correction de M. Seeck, *honesti usus* pour *honestius*). *Gratulatio sequetur* 100,5 est corrompu : M. Seeck propose *exequetur;* lire plutôt *prosequetur.* La métrique appuie les conjectures *nostrum reuisas* (pour *seuisas*) 74,19, *seueritate metiri* (ou *mordere*, Schulze p. 149) pour *mereri* 79,32 (sur ce passage voir aussi Schenkl p. 117 ; Georges, *Berliner Philol. Wochenschrift* 1885, p. 1331, et *Jahresbericht* XLIX p. 38-39).

92. *Respicit eleuetis* 171,24 : la métrique écarte la conjecture *ea leuetis.* Elle écarte les conjectures *deliberatione uacamus* II 52, *celebra relatu* 101,20 (*ex probabili Seeckii coniectura*, Schulze p. 131), *nesciunt cauere* 324,28, *epistulas requirit* 28,11. *Potestate senatus* 336,6 (si cette leçon est vraie) n'est qu'une variante absurde, substituée par le correcteur du palimpseste à un *potest ut senatus* non moins absurde. *Creditur asperasse nec inmerito, querella...* 135,7 : ponctuer *asperasse, nec inmerito querella...* — *Acres herbas olet rusticus, uino anhelus est ganeo, nautam* sequitur grauedo : *uos amici Camenarum flores ructatis Heliconis* 103,20 (ponctuation de Seeck). La métrique indique une autre distribution : *acres herbas olet rusticus uino anhelus est ganeo, nautam sequitur grauedo uos amici Camenarum flores ructatis Heliconis.* — La métrique aidera peut-être à débrouiller l'histoire du procès perdu par Symmaque (II 30). Les juridictions mises en branle sont multiples, car le préfet de la Ville saisit l'empereur, après que le gouverneur de la Sicile s'est exposé à porter la peine *receptarum appellationum;* Symmaque n'a pas su renoncer à temps; « *iustitiam perdidi dum expecto uindictam. iam illud quo pacto diluam quod Probus mitior iudicatur, qui in praeiudicium uel inuidiam, possessionis meae parui agelluli* retentionem recessit, *cum illi tota mulierculae* praemitteretur hereditas ? » Ce « Probus » n'est sans doute pas l'adversaire de Symmaque (celui-ci est désigné par *illi*), mais plutôt un des magistrats à qui il a eu affaire[1]. Dans une intention malveillante, il a rendu à Symmaque la possession d'une terre insignifiante, cela après coup (*re-cessit*) ; en même temps, devançant le temps normal (*prae-mitteretur*), il a mis la grosse part entre les mains de l'adversaire ; les deux verbes ont ici le sens étymologique. Cette symétrie est accusée par la leçon des manuscrits, que la métrique défend. Elle disparaît si on adopte la variante sans autorité *retentione ;* c'est ce qu'a fait M. Seeck, et le changement de sens qui en résulte pour *recessit* l'a amené à effectuer un autre changement ; avec Lectius, il lit *promitteretur*. Un peu plus bas (52,12), la métrique justifie *possessione decedam* (cf. 244,30 ; pour *possessionem*), à moins qu'il ne faille ici aussi le verbe *recedere ;* l'ensemble de la phrase est d'ailleurs corrompu. Il est indispensable que tout ceci soit repris par un juriste, qui s'aidera des règles des fins de phrase.

3. *Mot final de deux demi-pieds.*

93. Les règles métriques sont exprimées par le tableau suivant (cf. § 78) :

		Nombre des exemples en fin de lettre.
ĕras, ĕrit (ou *scripsĕris, fuĕris*), §§ 94-95	*ăgĕre*, §§ 99-100	5
	ōre, § 98	1
Douteux : *ōrĭs*	*ōre*, § 97	
scripsĕris, fuĕris	*ĕram*, §§ 96,101	6
Douteux : *ōrās*	*ĕram*, § 96.	

94. Polysyllabe remplaçant un disyllabe pénultième : *conpotem praestes* IX 41, *domesticis rebus* 53,23, *superuacaneum duxi* 80,17, *tardior fiam* 36,12, *exitum causae* 59,9, *agere nugas* 10,18, *habeo dictum* 30,5, 38,26, etc. ; plusieurs de ces phrases sont des incises courtes et simples, qui sont relativement peu probantes (§ 36) ; — *saepius facere* III 31, *epistolam facere* 72,16, *aurium capiunt* 73,27, etc. *Anserem strepere* 2,3 est un exemple notable, Symmaque y ayant accommodé un vers de Virgile à la métrique de sa prose (§ 220).

95. Quand le mot pénultième est disyllabique, il est le plus

1. *Excludi per inprobos possumus* 53,1 : serait-ce *per Probos ?*

souvent précédé d'un polysyllabe à pénultième brève (de sorte qu'un groupe du type *ĕrās ōre* est traité comme un mot du type *ămīcōrum*) : *in animum libens trado* 22,22, *tuis salibus locum fecit* 97,10, *rumoribus locum fecit* 25,5, *gratuler parum credas* 13,5, *sentiam satis nosti* 60,30, etc.; — *fastidium meum uidear* VII 35, *conspicuis uiris patitur* 41,4, *inuenerit magis doleo* 72,4[1]. De même *confessio meă faciet* V 28, *iucunditas tuă uigeat* 95,33, etc. Toutefois on a *reperiat amorem meo similem* VII 95, *frigus senex monitor* 74,30. — Ici encore il y aurait matière à une étude spéciale.

96. Les fins de phrase comme *scripsĕris ĕram, fuĕris ĕram* sont fréquentes : *absentibus timet* I 51, *contumeliam* (manuscrits *contumeliae*) *suae* I 105, *moribus fuit* II 13, *conscientiā tua* III 36, *mutuus sinit* IV 18, *longius fruar* VIII 64; hors des fins de lettre et devant une des ponctuations (.!?), il y a trente exemples dans les 75 premières pages de Seeck. C'est donc là, incontestablement, le type normal pour Symmaque. Toutefois, à la fin d'une phrase ou d'un simple membre, il semble admettre parfois le spondée : *uoluntas tua* 28,10, *factum uelis* 33,17, *amantem mei* 52,15 dans un postscriptum autographe, *commendationis meae* 55,17 (le manuscrit de Paris a *mae*), *uoluntati tuae* 85,4[2], *medicinam facit* 85,28, *ponendum uerbis modum* 88,28, *commenticio* (manuscrits *commentato*) *dici potest* 76,18, *quid rerum geram* 147,9 (réminiscence des comiques; voir Kroll p. 27), *diffidit suae* 333,20, *testes sumus* 164,27, *praestari potest* 220,10, *relationis fidem* 308,7 (où l'intégrité du texte semble appuyée par *fidem relationis adserunt* 308,39), *emendato uiro* 336,14, *exoratos cupit* 336,14, *curatum putet* 337,17, *placiditatis tuae* 338,8, *obligati sumus* 49,19 ; sans parler des petites phrases comme *et*[3] *quo redacti sumus* 51,30-31, *quid expectem uides* 103,14, *quo abiit promissorum fides?* 188,11, *ambo idem sumus* 90,32, *amo et suspicio uirtutes tuas* 88,32, *sed de his satis dictum puto* 227,10, *dii uertant bene* 45,29. — *Spectandus tibi* 111,29 : il faut probablement insérer *est*. *Aeque bene* 19,7 : ces mots, qui manquent dans les manus-

1. *Prosperis tuis referas* V 58 ; mais peut-être Symmaque prononçait-il *rĕferas*, § 25, p. 16.

2. *Voluntatis meae* 39,4 inspire des doutes, à cause du *cui* obscur qui suit : v. § 111.

3. Au lieu de *en*, je corrigerais volontiers *ei!* On a *et* au lieu d'*ei* datif 139,2. Toutefois il se peut qu'il y ait réminiscence de Térence, *Eun.* 237-238, *em quo redactus sum* (Kroll p. 30); *ē* lu *est* et corrigé en *et*.

crits d'extraits, ont probablement été déplacés; alors la vraie fin de la phrase serait *nusquam locaui*. Dans les exemples d'Ennius et de Plaute notés par Kroll p. 35, l'adverbe *male* ou *pulcre* est placé avant *locare*; cf. *bene locata* 22,3.— *Non differo expectationem tuam* 60,23 peut n'être pas une phrase complète : ce qui suit est corrompu. *Intercessus tuos* 261,25 est corrompu. *Scriptis tuis* 109,31-32 appartient à un passage mutilé. *Curam tui* 130,17, à la fin d'un membre de phrase, au sens de *curam tuam* : Symmaque, qui appelle le Nil *Melo* et le Tibre *Albula*, aurait-il écrit ici le vieux mot *tuatim*[1] ? — *Ampelium clarae et inlustris recordationis uirum* 138-32 : pourquoi *recordationis* et non le terme usuel *memoriae*, qui conviendrait si bien au mètre? je pense que dans le texte authentique *uirum* était après *Ampelium*, et qu'il a été omis, puis rétabli par conjecture en queue de la phrase; la cadence primitive était celle du § 121.

97. Type *ŏre*. Devant un mot comme *ŏre* Symmaque semble tolérer le trochée : *indulgere uerbis* 10,25, *confirmauit usus* 22,12, *celebrare possem* 12,3, *conuersa cursus* 44,7, *stellatur auro* 74,4, *incertus esses* 85,26, *adiuta uotis* 220,13, *attolle fasces* 127,6, *ualetudinemque dico* 104,18; ajouter, à la fin d'un membre de phrase, *usui esse possis* 32,7, *albente caelo* 43,20, *commendŏ uentis, causam* 118,5, 118,14, *extende famam* 141,11, *longus usus* 186,20, *diuisere gentes* 330,9[2], *cuiusque mentem* 333,29. — *Largitatis ille* 290,2 n'est pas une fin de phrase. Il y a eu transposition; il faut intercaler *indecorae... ille* dans 289,29 : *ille semper magistratibus suis celsior, in alios temperatus in se seuerus, sine contemptu facilis sine terrore reuerendus, <... indecorae nescius largitatis, ille> cui..., qui nullius prosperis fractus est nullius risit aduersa, quem semper..., cuius aequitati...* Le premier *ille* commande une série d'adjectifs, le second une série de relatifs. — Irrégularités : *Amari dignus* 112,4, *a nobis*

1. *Adhibere* 167,8, que Juret corrigeait en *abire* (cf. 132,3), représente-t-il le vieux mot *abitere*? *Mutaret* du palimpseste 320,22-23, changé par M. Seeck en *mussitaret* (cf. Schulze p. 189), et que M. Kroll p. 41 voudrait changer en *putaret*, représente bien plutôt le vieux mot *multiret* (que la plupart des dictionnaires traduisent mal; voir *Mém. de la Soc. de linguistique* VI 240); cf. *emuttiendi* 17,12. Sur d'autres emprunts à la vieille langue voir Schulze et Kroll passim.

2. *Diuisere* inspire peu de confiance : voir ci-dessus § 91, note.

misi 126,17 doivent être tenus pour suspects. *Accedentem sumptum* 61,21, à la fin d'un membre de phrase, représente *accedente in* <*dies*> *sumptu* plutôt que *accedente sumptu. Vt cumulet uoluntas* familiaritatem nostram, *quam nunc uidetur necessitas inchoasse* 263,26, texte connu seulement par les manuscrits perdus de Juret et de Giphanius : il est probable que *uoluntas* terminait l'incise, et qu'on l'aura déplacé pour éviter l'équivoque de *quam*.

98. *Morte pignoris sui cognita cadauer efferri* (manuscrits *fieri*) *iussit* 72,9 : au lieu d'ajouter *M. Horatius* au commencement, ajouter à la fin quelque chose comme *ille Puluillus* (cf. Cic. *dom.* 139). Sur ce passage voir Kroll p. 85. — *Non incognito quidem nobis eloquii splendore nituisti, sed magnis rebus adcommodo et maiestatis* scriptis apto. *tamen gloriam quam magisterio ante quaesisti, recens auxit oratio* 36,19-21 (je reprends la conjecture de Suse; les manuscrits ont *adcommoda,* puis *scriptis adtotam* ou *aptatam gloriam*). Cela veut dire que le correspondant de Symmaque a été *magister* d'un *scrinium* (Seeck p. CVIII) ; il faut changer *scriptis* en *scriniis* (sur $n = p$ voir § 80). — Une phrase ne peut pas plus finir par deux mots comme *scriptis apto* que par un mot comme *elatorum.* Écarter les conjectures *uocatum furti* 196,13, *ministris istis* 334,23. *Delector laude* 255,7 : choisir la variante *laude delector. Artes uertit* 195,9 n'est pas une fin de phrase. Il faut lire *sed ut est multiformis plerumque perfidia tutorum, in uarias se frequenter artes uertit obnoxius, credo nunc saltem sacro cessurus oraculo, si uestra aequitas suggerenda celebrauerit.* Les manuscrits ont *obnoxios,* mais le tuteur en question (voir Seeck p. CLXXXV) est désigné par *obnoxius* 154,15 ; cf. 271,31.

99. Type *ăgĕre*, irrégularités : *Qui degustatis propius uirtutibus tuis, ceteros aeque ad honesta tendentes laudare didicit* 236,1 : lire *dedidicit* pour le mètre et pour le sens. *Linguae melior* 39,4 : lire *lingua mei melior?* Les copistes n'auront pas compris le génitif comparatif à la grecque. En tout cas Symmaque paraît se souvenir du *lingua melior* de Virgile, *Aen.* XI 338 (Kroll p. 50). *Victu modico* 283,4 : ci-dessus § 41,15, note. *Indulgere genio* 57,25 termine un simple membre de phrase. *Valeo quantum sinit aeger animus* 267,10. *Scripsisse,* ou *me scripsisse, memini* 314,14 : lire *scripsisse me.*

100. Lire *pietate faceretis* VII 32 (non *faceres*) : dans le *facere*s* de la première main, la rature a sans doute pour cause l'impropriété apparente du pluriel ; en réalité, celui-ci cadre avec le *uestrum* de la phrase initiale. A la ligne précédente lire *ũrae* (*uestrae*) pour *tuae*?

101. Type *ĕram*, irrégularités : *Incentor est amor* (variante *animus*) *tuus* 204,10 : le sens général invite à corriger *amor mutuus* (corrections semblables § 58).

Écrire avec des guillemets *sed illi « aliud mercedis erit »* 159,16 ; cf. Virgile, *B.* VI 26. Il faut ponctuer ainsi 29,23-25 : *fando acceperas rebellione barbarica, quod auri quod argenti priuatim aut publice*[1] *sacri et profani* Mauretaniae fuit, *direptione hostium lancinatum.*

4. *Mot (ou groupe) final de cinq demi-pieds.*

102. Un mot de cinq demi-pieds peut avoir les formes *ōrātūrōrum, ōrātōrĭum, ōrātĭōnem, ēuŏcātūrum, ărātūrōrum, ēuŏcātĭo, ărātĭōnem, ărātōrĭum,* et celles qui en dérivent par substitution de deux brèves à une longue comme, par exemple, *trĕpĭdātĭōnem, ārĭdĭōrĭbus, ăgĭlĭōrĭbus.* Ces longs mots sont peu fréquents en fin de phrase; Symmaque évite tout à fait à cette place les mots du type *ōrātūrōrum,* comme on vu (§ 48) qu'il évitait les mots du type *ēlātōrum.* Il s'abstient aussi, soit par système, soit par hasard, d'employer la plupart des formes dérivées qui contiennent des couples de brèves. Dans *ueniam suffragabatur* 95,25, il est probable qu'il prononce *-fră-* : ni *suffragari* ni ses congénères ne se trouvent dans Virgile, et *naufrăgium* était de nature à tromper sur *suffrăgium*. *Officia nos designati* 333,4 appartient à une phrase qui forme dans le palimpseste un paragraphe indépendant, qui est pour moi inintelligible dans la seconde partie, et que je crois incomplète[2].

103. M. Seeck propose une fin de phrase *uiolentiae disceptaretur* 310,17 : c'est une conjecture à écarter.

104. Le type *ărātūrōrum* ne figure que dans l'exemple *longum peregrinari* 170,26 (il est très improbable, à cause de ce qui est dit § 48, que la seconde syllabe de *peregrinari* soit traitée comme brève).

1. Les manuscrits ont *priuati aut publici;* M. Seeck lit *priuati et publici.* Cf. Sittl, *Jahresbericht* LIX, p. 61.

2. Pour le fond, consulter l'article de Tanzi relatif à ce discours, *Archeografo Triestino,* XIII, 1887, p. 279-286.

105. Pour les types usités, les règles métriques sont exprimées par le tableau suivant :

		Nombre des exemples en fin de lettre.
ōrās (et *ōrĭs ?*)	*ōrātĭōnem*, §§ 106-107	4
istam	*trĕpĭdātĭōnem* 129,5	
ōrās	*ōs ārĭdōrum*, § 108	
ōrās (et *scripsĕris, fuĕris ?*)	*ărātĭōnem*, §§ 109-110	2
ĕras, ĕris, scripsĕris, fuĕris	*ōrātōrĭum*, § 111.	2
ĕras, ĕris, scripsĕris, fuĕris	*ārĭdĭōrĭbus*, § 112.	
fiĕri	*sed rĕuĕrentĭa* 336,26	
scripsĕris, fuĕris (ou *non ĕras*)	*ēuŏcātĭo*, §§ 113,114	1
scripsĕris, fuĕris (et *ōrās ?*)	*ărātōrĭum*, §§ 115,117	1
....	*ĕt ornātĭus*, § 116	
ōrās (et *scripsĕris, fuĕris ?*)	*ăgĭlĭōrĭbus*, § 118	
ĕras, ĕris, scripsĕris, fuĕris	*ēuŏcātūrum*, § 119	

106. Exemples du type *ōrās ōrātĭōnem : gratiae uicti confessionem* III 29, *otii nostri securitatem* 162,9, *causā Baias concesseratis* 24,20, *auro cusum desiderarem* 117,8, *paruulorum priscam securitatem* 250,18, *scribendi usus securitatem* 231,23, *cum praesto essent desiderati* 221,25, *de te certam securitatem* 246,28, *pecuniae et uoti deformitatem* 339,3 (dans une incise dont M. Seeck suspecte à tort l'authenticité), *mihi taedas feruentiores* 261,3, *supra matris confessionem* 339,7, *incanuit aetas possessionis* 139,2, *reuertetur ad usum feliciorem* 205,9, *confirmator boni olim desiderati* 218,4, *debere partes defensionis* IX 129, *successuram felicitatem* VII 113, *iniurati securitate* 338,18. On peut ajouter *sub actorum confectione* 51,1, *erroris confessionem* 51,10, *maturam securitatem* 63,10, *quandam legationem* 72,16[1], *eius felicitatem* 117,23, *Baias desiderasti* 183,30, *functus defensionem* 247,4, *illis desiderandus* 257,10, *urbis securitatem* 269,11, *omnes occumberemus* 277,26. Dans les exemples suivants, le mot final — ◡ — ⏓ est précédé d'un mot ou groupe fournissant ⏖ ◡ — —, de sorte que l'oreille entend deux fois la même cadence : *fiduciam placendi securitate* 149,4, *uariamus locorum distinctionem* 170,26, *non requirunt adsertionem* 147,25, *litterarum contextioni* 113,5, *defuturam correctionem* 143,22, *paenitendi correctionem* 152,26, *caritatis confessionem* 268,8, *quaestionem*

1. La métrique écarte la conjecture *quodammodo*, suggérée à M. Seeck par la leçon *quando* du meilleur manuscrit.

possessionis 302,23, *satisfactionem desiderauit* 117,19, *confirmationis securitate* VIII 66, *commendationem desiderarent* 91,2, *familiaritatis successionem* 111,9, *societatem desiderari* 164,7, *adsiduitatem desideraui* 83,9, *immoraris frugalitati* 186,31. Les irrégularités sont relativement nombreuses, mais contradictoires entre elles. *Profectionis meae molitiones* 220,20 : supprimer *meae*, qui a été soit suscrit comme glose soit inséré par pure distraction; ce mot est inutile au sens, et sa disparition rétablit la double cadence recherchée de Symmaque. *Palam desideraris* 188,16 : le texte doit être altéré, car il est peu probable que Symmaque se soit mépris sur la quantité de *pălam*, qui est deux fois dans l'*Énéide* (dans la seconde moitié, il est vrai, ce qui peut n'être pas indifférent). *Fidem securitatem* 287,10 : reprendre l'excellente conjecture *fidam*, que M. Seeck a reléguée dans l'apparat. *Hyblae aut Hymetti fauis iucundiores* 41,10 : insérer devant le dernier mot *illae*, qui aura été éliminé comme répétition apparente d'*Hyblae? Optimi uiri maturitatem* 81,18 ne doit peut-être pas être considéré comme terminant un membre de phrase. *Illis desiderium doctrinae uitaeque tribuens tibi perfectionis* ou *perfectionem* 236,1 : le sens et le mètre indiquent quelque chose comme ceci, *illis desiderium doctrinae uitaeque <bonae> tribuens, tibi perfect<ionis possess> ionem*. — *Statuas etiam recepistis*[1], *iisdem paene populi adclamationibus* quibus amiseretis *radisedlibetutridetas* (variantes *amiseratis rides et*, ou *risidet*, ou *ride*, puis *libet ut rideas*) *afuisti* (var. *affuisti*) 24,1-2 : *quibus amiseratis* ne doit pas être la fin de la phrase (on pourrait ajouter par exemple *aut pluribus*); la mutilation paraît connexe à la corruption de ce qui suit[2]. — *Quam nihil desiderantes* 95,3 : lire *nil?* cf. p. 13

1. Remarquer le pluriel. Ce n'est pas Agorius qui a perdu puis recouvré des statues (Seeck p. LXXXVIII), c'est un des collèges sacerdotaux dont il fait partie. Il s'agit de quelque affront fait par Gratien au paganisme, et par lequel il préludait à la célèbre affaire de l'autel de la Victoire.

2. L'*a* de *radis*... est probablement une correction fourvoyée, destinée à la finale précédente *-retis*. — On peut lire *ride si libet* (et non *rides et libet*, qui ne comporte aucun sens) : *ut rideas afuisti*. Le païen Agorius ne rirait pas s'il était à Rome; M. Seeck p. LXXXIX suppose que ce qui lui en ôterait l'envie est la famine, et là-dessus édifie un raisonnement chronologique; il me paraît bien plus probable qu'il s'agit ici d'affaires religieuses. De là vient que Symmaque confesse un mouvement d'amertume : *plura desino : ne qui strictim meliora detexui, amaris uidear inmorari* (*amaris* est une heureuse correction de M. Seeck pour *amoris*).

n. 3. — *Otii possessionem* 183,23, à la fin d'un membre de phrase. *Alieni consilii correctionem* 283,33 : voir ci-dessus § 41,20 note. *Versibus inluminarint* (manuscrits *-rent*) 2,37 est de Symmaque le père; *Isocratis conclusiones* 18,3 est d'Ausone. — Jusqu'à plus ample information, tirée des écrivains qui ont comme Symmaque une prose métrique, je n'oserais pas toucher aux quelques exemples dans lesquels le mot pénultième fournit un trochée ou un tribraque : *requirit adiectionem* 116,7, *morum eius inspectionem* 191,16 (cf. 212,1 *morum eius inspectio*, 189,18-19 *quam mox illi morum praestabit inspectio*), *huius offensionis* 117,10, *honoris interpretare* 177,8 (ou *honores?*), *inpediret inuectionem* 271,11, *oneris* (ou *honoris*, variante digne peut-être d'être discutée) *exceptionem* 119,22-23. — *Satis fecisse pronuntiabunt* (?) 82,27 : M. Seeck conjecture *pronuntiato*, qui serait d'un latin excellent, mais qui ne rend pas bien compte des leçons des manuscrits, *-abt* (dans le mauvais manuscrit *M*) et *-ant*; je ne sais d'ailleurs si l'impératif futur est familier à Symmaque (sauf les formes *esto, memento*, et aussi *facito*, qui se trouve par exemple 18,29, 40,24, où il est suivi de *sinito*, 47,7, 63,17; la conjecture *sunto* est à écarter 76,12; *deferto* 264,10 est une mauvaise variante pour *deferre*, *capito* 96,23 une faute pour *capto*). Je croirais qu'il faut lire *pronuntia*, et que le *-nt* des bons manuscrits est un doublon du *ni-* suivant (*nihil*).

107. Le tribraque étant au moins rare devant un mot comme *ōrātĭōnem*, il faut lire 14,28 *similis aestimabor* avec les manuscrits de Symmaque (et non *existimabor* avec ceux d'Ausone).

108. Type *ōs ārĭdōrum*. *Angustos animos non conuenire* 119,15 : lire *animos angustos non*? ou plutôt, peut-être, *non angustos animos?* — Il n'y a pas lieu de mettre entre crochets le membre de phrase terminé par *fiunt quae differuntur* 177,9 : on a à la fin d'un membre de phrase *cupītīs aut destinatis* 57,6, *terrarum quo distinemur* 78,22.

109. Exemples du type *ōrās ărātĭōnem : aliorum benignitate* I 14, *seram solutionem* V 10, *opperiaris petitionem* 13,14, *summas negotiorum* 23,29, *summam petitionum* 31,2, *peruicacem petitionem* 33,15, *alienam fidelitatem* 105,20, *anteuertis necessitatem* 116,31, *iustam benignitatem* 120,7, *suadebat profectionem* 125,19, *uerborum uicissitudo* 137,3, *uetustam petitionem* 143,10, *taedet molestiarum* 162,6, *uobis coerceatur*

172,15, *admouit necessitatem* 189,26, *interpretationem benignitatis* 191,12, *aduersantis petitioni* 199,21, *precandi necessitatem* 211,24, *equorum coemptionem* 241,9, *serum necessitatis* 246,11, *receptam petitionem* 252,23, *uoti benignitatem* 267,22, *iustam remissionem* 270,7, *impetrandam uacationem* 288,31, *inponit necessitatem* 303,13. Il serait téméraire de vouloir ramener à ce type les fins de phrase *speres tanti beneficii solutionem* 99,21, *omnium negotiorum* 173,22, *inputari huiusmodi petitionem* 274,27, *hominum profectiones* 105,18, *in eos benignitatis* et *aequitas petitionum* 114,8, *Gallias profectionem* 161,16, *curulium coemptionem* 199,29, et surtout la petite incise *o felicis ingenii benignitatem* 100,9. Dans *examinis tui seueritatem* 42,1 il serait tentant d'insérer *notam*, ne fût-ce que pour rompre la continuité du mouvement ïambique. *Amici tui securitate* 268,26 est corrompu, comme l'indique M. Seeck.

110. *Vt ames in eo spem quam dedisti* (§ 197) *addasque inchoato* beneficio profectionem, *quam si aliquis euentus eluserit, effice oro te maiora praestando, ut illi prioris uoti prosit amissio* 212,15-17 : M. Seeck se contente de la vieille correction *beneficio perfectionem*, mais elle est métriquement défectueuse, et on ne voit pas à quoi rapporter *quam*, car que signifierait *perfectionem eludere*? il faut sans doute *pro<missionis per>fectionem*.

111. Exemples d'un mot final comme *ōrātōrĭum* : *parsimoniae consuetudinem* VII 18, *securitas succedentium* 173,26, *Euscii commendatio* 236,7, *tempore praelibauimus* 241,27, *faceret excusatio* 320,40, *curae tuae delegatio* IX 23, *diuinae rei delegatio* 25,32, *deficiet*[1] *uoluntatem tuam stili mei desperatio* 75,15, *nuntio morae conpensatio* 225,12. On peut ajouter *deseritur emendatio* 46,30, *candidati mei designatio* 61,9, *moribus consentaneam* 121,19, *examinis ignorantiam* 149,7, *solitudinem contemplamini* 154,29, *fuerit prior commendatio* 249,20. *Habes summam uoluntatis meae, cui siquid* commendationis inspiraueris, *ceteris ornamentis animi tui, adicietur decus praesentis officii* 39,5 : serait-ce *asperseris* estropié paléographiquement? *afflaueris* glosé et supplanté par sa glose? ou faut-il insérer quelque chose comme *uerbis tuis*? en tout cas l'obscurité de *cui*, qui ne se joint bien ni à *uoluntas* ni à *summa uoluntatis*, donne à cet exemple divergent quelque

1. Les manuscrits ont *defuet, defruet;* MM. Mommsen et Seeck lisent *destituet*, M. Schenkl *defrudet*.

chose de suspect[1]. *Transitus uester degustauerat* 144,23 : vu ce qui suit, l'interversion *uester transitus* profiterait au sens.

112. Exemples d'un mot final comme *ārĭdĭōrĭbus* : *imbrium continuatio* 176,12, *perpeti sollicitudine* 259,33 ; à la fin d'un membre de phrase, *filii mei magnificentiam* 118,32. Mais aussi, à la fin d'un membre de phrase, *nostrorum conciliatio* 255,17. *Vellem quippe ita continue honorare amicitiam tuam litteris, ut mente iugiter colere* numquam dissimulauerim. *subiunge* (*subiungo* Seeck) *postulatum* 242,8 : peut-être faut-il mettre un point après *colere* et écrire ensuite : *numquam dissimulauerim : subiungitur postulatum.*

113. Exemples du type *scripsĕris* ou *fuĕris ēuŏcātĭo* : *amplissimo testimonio* 6,11, *publicum testimonium* 153,2, *necessitas parsimoniae* 144,2, *actionibus iudicabitur* 52,6, *obsequio litterario* 214,7, *auxilio temperantiae* 153,33, *meriti conscientia* 32,9, *testimonio conscientia* 111,1, *faciet inscientia* 54,28. Devant *diligentia* ou *neglegentia : officii* II 4, 19,19, 25,15, 32,11, 71,21, 77,9, *animi* 261,16, *otii* 24,7, *amicitiae* 76,8, 76,20, 104,29, *irascitur* 105,14, *longior* 118,31, *examinis* 119,29, *ueterem* 138,20, *inuidiam* 181,3, *inparis* 243,27 (texte peu sûr). Le polysyllabe remplacé par un groupe trisyllabique : *hanc moram neglegentiae* 75,27, *et tui neglegentia* 322,32 (texte peu sûr). Par un simple disyllabe : *calamitatis suae neglegentiam* 72,9 (devant une lacune selon M. Seeck, mais la lacune doit plutôt être placée après *efferri iussit*, ci-dessus § 98), exemple isolé en fin de phrase ; à la fin d'un membre de phrase *oratio rei magnitudinem* 80,7, *talis uiri testimonio* 86,20, *amoris tui testimoniis* 202,2.—Irrégulièrement *populi R. supplicatio* 99,33 : ôter *R.*? *Haec est animi nostri destinatio* 175,2, petite incise indépendante (§ 36). *Cuiusquam testimonio* 289,9, *dicendi testimonii* 337,19. — *Ablegatione maceraueris* VIII 19 : v. § 25 p. 15. *Esse conscientiae* 270,21 : lire *constantiae*, comme M. Seeck le propose en note. Corriger de même *integer uigor et iusta conscientia* 279,12 (suggéré au copiste qui a fait la faute par 279,9). — *Prouocauerint* ou *prouocarint* : voir § 25, p. 13, n. 4.

114. 231,12 choisir la leçon *usque ad aegritudinis magnitudinem* (et non *ad aegritudinem*). *Iustisque priuilegiis* 283,4 : v. § 41,15 note. La métrique prouve que Symmaque prononce bien 93,9 *desiderare*

1. Pour le sens de *uoluntas*, cf. la phrase finale du discours d'Euménius *pro restaurandis scolis*.

promptario, et non *promptuario :* ceci confirme les observations de M. Schulze (p. 176, note) sur l'orthographe à donner à ce mot dans les autres passages.

115. Exemples du type *scripsĕris, fuĕris ărātōrĭum* : *epistolae uerecundia* VIII 63, *silentii uerecundia* 149,16, *latrociniis suburbanitas* 49,13, *ingenii facultatibus* 76,16, *generis senatorii* 189,17, *integer ualetudinis* 196,20, *officium uoluntarium* 109,19 (peut n'être pas traité en fin de phrase), *reditum secundauerit* 111,22, *opere frequentauerim* 189,8 ; la métrique s'arrangerait aussi bien de *secundarit, frequentarim*. A la fin d'un membre de phrase on a un disyllabe pénultième dans *corpusculi mei ualetudinem* 49,12, *processūs habet uerecundia* 111,31, *succinxerit modus uoluntarius* 182,4, *nobis bonam ualetudinem* 182,33, *paulatim bonae ualetudinis* 235,1, *et malam ualetudinem* 248,11. — *Si forte equorum reditum <in>temperies hiberna retardauerit* 242,22, d'après les manuscrits d'extraits : un d'eux omet *equorum reditum*, ce qui indique qu'une correction fourvoyée a mis ces mots hors de leur place (ils ont supplanté le préfixe omis *in-*), et qu'ils doivent être rétablis devant *retardauerit ;* cf. 111,22. Faut-il suspecter *paenitendi uerecundiam* 233,5, qui n'est connu que par le manuscrit perdu de Juret (*paenitentiae* irait)? Faut-il écrire en trois mots *quaesitis satis fecimus* 105,4 (cf. ci-dessus § 52)?

116. Le spondée semble appuyé par l'exemple assez semblable *uel neglegentia antiquitatis uel inscitia* 85,2 (ou faut-il intervertir, *antiquitatis uel neglegentia?*), mais on a un polysyllabe à pénultième brève dans *copiosius et ornatius* 39,3.

117. La métrique condamne la conjecture *loricā supertexitur* (pour *subtexitur*) 327,26 : *sine dubio* est donc de trop dans l'approbation donnée à cette conjecture par M. Schulze, p. 217. *Subtexitur*, d'ailleurs, me semble aller très bien pour le sens. Il s'agit d'un revêtement de plomb qui est donné comme descendant *per ordines in prona decliues*. *Subtexere* signifie ici, au propre, ce qu'il signifie au figuré dans *subtexere carmina*.

118. Exemples d'un mot final comme *ăgĭlĭtōrĭbus :* à la fin d'un membre de phrase, *uerborum familiarium* 76,24, *singulorum familiaritas* 337,28. Mais *precibus beniuolentiam* 194,19. *Familiaritas* semble traité comme *familiaris*, § 69.

119. Exemples d'un mot final comme *ēuŏcātūrum* : *remediis conualescamus* 44,23, *peregrinatio difficultatis* 192,7, *testi-*

monium breuis experimenti 114,16. *Plinius elaborauit* 14,18 n'est peut-être qu'une conjecture (les manuscrits conservés ont *laborauit*). Symmaque paraît syncoper, de parti pris, les formes comme *ēuŏcāuisse : felicitas mitigasset* II 76, *memorem conlocasse* V 49, *necessitas inchoasse* IX 102, *nihilum commodasse* 12,30. De même *admonitos non putastis* II 5. — *Neque enim pati poterat sollicitudo domini cuiquam deferri quod ipse non merebatur* 333,19-20 : lire *ipse <dominus>*[1] ?

5. *Mot (ou groupe) final de six ou sept demi-pieds.*

120. La rareté des exemples rend souvent difficile de démêler des règles; il se peut d'ailleurs qu'à partir d'une certaine longueur les mots et groupes terminaux aient été traités avec plus de liberté que les mots et groupes plus courts. On a :

121. *Reportet salutationem* VII 102, *cursim salutationem* 34,24, *defert salutationem* 98,22, *nostrarum fatigationem* 117,16, *cultum salutationis* 138,11, *praelibatam salutationem* 173,5, *largam salutationem* 262,21. Ici le spondée pénultième est constant.

122. *Defectu nauigationis* 118,7, *integrauit supplicationis* 311,9, *illo iudicationem* 119,28, *quadrigarum distributionem* 287,35, avec spondée, mais *longinquam tui separationem* 41,5 (la meilleure des deux sources donne *rationem*). Il n'est pas sûr qu'il faille ponctuer après *Baianas cogitationes* 48,5.

123. *Vincat spem solutionis* 206,1. Il n'est pas nécessaire de ponctuer après *praemitto iam petitionem* 90,5.

124. *Testimonii*[2] *castigationem* 14,29, mais *meliorum desperatione* 181,20, *Gratiani definitionem* 308,20.

125. *Vinci post confessionem* 75,16, mais *adeptus domum per successionem* 139,4, *prouenit* (présent ? parfait ?) *ad maturitatem* 339,9. A la fin d'un membre de phrase, *quae putas non desiderari* 256,7.

126. *Nihil moror hanc litteraturam* (petite incise indépendante) 7,15.

127. *Nascitur ex indulgentia* 5,28.

1. *Domini*, plus haut, est peu sûr, et *sollicitudo* très douteux (voir Seeck) : à la place de ces mots on attend une fin d'incise qui ait une cadence régulière.

2. *Testimoni* dans le vieux manuscrit d'Ausone; il est douteux qu'on puisse accepter cette forme (§ 25, p. 13, n. 2).

128. ? *Praedicandum liberalissimus* 113,3 (n'est pas nécessairement une fin de phrase).

129. *Ciuium quam salutatio* 29,2.

130. *Iudicii mei deliberatio* 294,15.

131. *Meae fides a testimonio* 337,36.

132. A la fin d'un membre de phrase, *saepius et copiosius* 127,23.

133. *Puto quibus renuntiaueras* 185,17.

134. *Vt is qui nobis auctor ante omnes esse dignatus es iungendae per filios necessitudinis, aeque maneas adprobator* 102,22-23 : il faut, je pense, ponctuer non après *necessitudinis,* mais après *dignatus es.*

135. Groupe final de sept demi-pieds (à moins qu'on n'admette la forme syncopée du verbe) : *ueniet in manus tuas quid pronuntiauerim* 99,35.

136. Mot final de sept demi-pieds : *infelicium deplorationibus* 273,4.

137. *Horridi denuntiationem* 180,27.

6. *Mot ou groupe suivi d'un monosyllabe* est, sunt, *etc.*

138. Une phrase peut finir par un monosyllabe appartenant à la conjugaison du verbe *sum,* jamais par un autre monosyllabe. *Frequenter adloqui nos* 210,17, à la fin d'un simple membre de phrase, est unique en son genre, et d'ailleurs peu satisfaisant; je proposerais *meos.* Il faut rejeter les conjectures *ceperit nos* 1,11, *omnibus fit* 321,1. *Muneri tu* 61,21 a été bien corrigé en *muneri tuo.*

139. Ordinairement, le monosyllabe *est, sunt,* etc., semble être censé nul, c'est à dire que d'une part la nature de la finale placée en contact avec lui paraît être indifférente (non seulement il est indifférent qu'elle soit longue ou brève[1], mais

1. Elle est plus souvent brève que longue, mais pour des raisons étrangères à la métrique. Le monosyllabe est le plus souvent *est,* et le mot précédent est le plus souvent un nominatif singulier; or celui-ci a facilement une désinence brève (*postulandŭs, florentiŏr, mirabilĭs, discrimĕn*), rarement une désinence longue (*nobilitās*). Quand le monosyllabe est *sunt* ou *sint,* les pluriels neutres en *ă* sont fréquents, parce que le verbe se rapporte rarement à des personnes, souvent à des neutres abstraits comme *aduersa,* ou, ainsi qu'il est naturel dans une correspondance, à des mots comme *uerba, responsa.*

encore, quand elle se termine par une voyelle ou une *m*, il est indifférent que le monosyllabe commence par une voyelle ou une consonne), et que d'autre part le mot pénultième agit, sur le précédent, comme il agirait s'il était final. C'est ce que montre le tableau suivant, où sont reprises la plupart des cadences précédemment étudiées :

scripsĕris, fuĕris (ou *non ĕrat*)	*ārĭdōrum* ou *ārĭdōrum sit* (§ 140), *est* (§ 168)
scripsĕris, fuĕris (ou *non ĕrat*)	*ōs ămīcum* ou *ōs ămīcum est* (§ 169) ·
ōrĭs (ou *ănĭmŭs*)	*ēlātĭo* ou *ēlātĭo sit* (§ 141), *est* (§ 170)
ōrĭs (ou *ănĭmŭs*)	*ōs ārĭdum* ou *ōs ārĭdum sit* (§ 142), *est* (§ 171)
scripsĕris, fuĕris	*ămīcōrum* ou *ămīcōrum sit* (§ 143), *est* (§ 172)
scripsĕris, fuĕris	*ĕt ēlātum* ou *ĕt ēlātum sit* (§ 144)
ōrās (ou *scripsĕris, fuĕris ?*)	*ăgĭlĭtātem* ou *ăgĭlĭtātem sit* (§ 145), *est* (§ 173)
ōrĭs (ou *ănĭmŭs*)	*ēlātum* ou *ēlātum sit* (§§ 146-147), *est* (§ 174)
ōrĭs	*āmŏuĕam* ou *āmŏuĕam sit* (§ 148), *est* (§ 175)
ōrĭs	*ĭtĕrātum* ou *ĭtĕrātum sit* (§ 149), *est* (§ 176)
ōrĭs	*ōs ăgĕre* ou *ōs ăgĕre sit* (§ 150), *est* (§ 177)
ōrĭs (ou *ănĭmŭs*)	*ōs ōre* ou *ōs ōre sit* (§ 151), *est* (§ 178)
ōrĭs	*ĕt ămōrem* ou *ĕt ămōrem sit* (§ 152), *est* (§ 179)
ĕras, ĕris (ou *scripsĕris, fuĕris*)	*ārĭdum* ou *ārĭdum sit* (§§ 153-154), *est* (§ 180)
ōrās	*ămīcum* ou *ămīcum sit* (§ 155), *est* (§ 181)
ĕras, ĕris (ou *scripsĕris, fuĕris*)	*ōre* ou *ōre sit* (§ 156), *est* (§ 182)
ĕras, ĕris (ou *scripsĕris, fuĕris*)	*ăgĕre* ou *ăgĕre sit* (§ 157), *est* (§ 183)
scripsĕris, fuĕris	*ĕram* ou *ĕram sit* (§ 158), *est* (§ 184)
ōrās (ou *scripsĕris, fuĕris ?*)	*ōrātĭōnem* ou *ōrātĭōnem est* (§ 185)
ĕras, ĕris, scripsĕris, fuĕris	*ōrātōrĭum* ou *ōrātōrĭum sit* (§ 159)
scripsĕris, fuĕris	*ēuŏcātĭo* ou *ēuŏcātĭo sit* (§ 160), *est* (§ 187)
ĕras, ĕris, scripsĕris, fuĕris	*ēuŏcātūrum* ou *quam uoluptati est* (§ 186)
precĭbus	*bĕnĭuŏlentĭam* ou *bĕnĭuŏlentĭam sit* (§ 161)

Exemples de monosyllabe en fin de phrase :

140. *Denuo postulandus est* 167,31, *adloquiis erigendus est* 50,22. *Edulibus copiosae sunt* 6,22, à la fin d'un membre de phrase. *Laurentibus continatus est :* v. § 48.

141. *Vnus obnoxius est* III 89, *gratulatur obnoxius est* 325,33, *proboque laudabilis es* 17,9, *aduersa communia sunt* 63,5, *causa propensior est* 64,4, *ignota distinctio sit* 67,5, *ista certaminis est* 75,13, *fama florentior est* 164,27, *summa curatio sit* 178,7, *cultus insignior est* 284,19, *imago mirabilis est* 286,4. *Inpressa suffragio sint* VII 106 est à reporter à un autre type si Symmaque prononce *suffrăgio* (voir § 102). *Tanta apud nos testimonii tui antiquitas fuit ut differri quae uelis* *instar iniuriae sit* 267,27 : M. Seeck propose *iniuriae uisum sit,* mais le subjonctif présent *uelis* fait difficulté, et semble recommander *iniuriae sit* (et la leçon *antiquitas est,* de Scioppius.

142. *Confido iam tradita sunt* 58,3, *salutis in uiribus est* 75,21, *summus in uiribus est* 323,34.

143. *Securitas uoluptati sit* VI 48, *iudicio reseruatus est* 111,32, *aedium uenustatis est* 182,29, *auunculus petitoris est* 338,21, *specimen honestatis est* 338,25. *Amicitiae sinu receptandus sit* 66,11 est à la fin d'un simple membre de phrase, selon la façon de ponctuer des modernes; il se peut qu'on doive ponctuer après *sinu.*

144. *Expediit* (ou plutôt sans doute *expedit,* § 41,14 note) *ut ingrata sit* 283,2. Cf. *germine sed in-fruge sunt* (ci-dessous § 199).

145. *Artes familiares sunt* 66,7 (pourrait à la rigueur n'être pas traité comme fin de phrase).

146. Avec tribraque, *rapere prudentis est* 6,26, *uenia poscenda sit* 73,24, 118,8, *pariter ingressa sunt* 78,24, *facere dignatus es* 90,19, *animus expertus est* 96,2, *condicio communis est* 115,9, *grauiter exhaustus est* 207,4, *animus armandus est* 223,13. — *Ordo pandendus est* 1,10, *sermo sumendus est* 13,22, *uerba sumenda sint* 14,27, *muta ponenda sunt* 23,27, *pace tutatus est* 29,23, *noster auditus est* 33,28, *sermo uertendus est* 40,8, *enumeratione conplexus es* 44,33, *atque secura sunt* 65,20, *honore censenda sunt* 70,28, *angusta momenta sunt* 71,5, *institutione Romanus est* 87,4, *fama pulsata sit* 91,24, *lege transcriptus est* 96,31, *iuuare dignatus es* 100,15, *amore soluendus est* 102,20, *culmen indeptus es* 106,8, *paupertate discrimen est* 278,2, etc. *Maerore solandi sunt* 40,27, *expectatione moliti sunt* 159,5, *infirma moliti sunt* 327,30, *more confecti sunt* 165,24, *deducebantur abrepti sunt* 302,10, *saepe perpessi sunt* 324,27 ; à la fin d'un simple membre de phrase, *celeritate peruectus sis* 44,33, *necessitate diuulsi sunt* 159,8, *portitoris elapsae sunt* 169,4, *dolore correptus sum* 197,15, *fuisse testati sunt* 292,11, *mente securi sunt* 324,30. — *Litteras tuas responsa sint* 18,20 est d'Ausone.

147. *Augustiore cedenda sunt* 311,27-28 : est-ce *caedenda,* au sens de *decidenda*? En tout cas il faut écarter la conjecture *augustiori.* La métrique écarte la conjecture *partium commissa sunt* 71,19.

148. *Cura posterior est* 6,25, *Minerua rancidior est* 36,23, *honestatisque conplacitus est* 64,13, *doloris inualida sunt* 103,13, *aeterna iudicia sunt* 110,6, *cultus ingenuus est* 113,8, *inpetratione difficilis est* 115,19, *fructus uberior est* 187,6, etc. *Romana simplicitas est* 211,27, *paranda nobilitas est* 119,4, 238,27, 241,4, *curationis inpatiens est* 272,5 (cf. 73,23 ?), *laude conspicui sunt* 125,10. Il n'est pas sûr que Symmaque traite en fin de phrase *frequenter indicio sunt* 62,17.

149. *Indignatione metuenda sit* IX 17, *uerba tribuenda sunt* 1,6, *gesta sociata sunt* 52,8, *parte tenuatus est* 58,6, *cuncta celebrata sint* 68,20, *defensor adhibendus est* 77,17, *cura referenda sit* 101,21, *petitionis adhibenda sunt* 119,6, *conuentus onerosus est* 133,8, *praefectura celebrata sit* 166,23, *lingua Latiaris est* 221,3, *more sociata sunt* 306,25, *honore decoratus est* 314,15, *spectationis* (Schulze p. 144) *alienus est* 279,7, etc. *Auctoritate refouendi sunt* 247,23, *iucunditatis habiturae sint* 136,8, *Postuminus alieni sunt* 139,16, *commoditatis habiturus sim* 197,7, *lege resolutus sit* 289,14.

150. *Ille qui melior est* 91,1, *parte qua melior es* 261,9.

151. *Magna si laeta sint* VII 129, *docentur hic natus est* 11,5, *grauitate qua notus est* 23,2, *dissimulata iam sera sunt* 44,9, *dignatione qua clarus es* 63,17, *aequitate qua clarus es* 68,22, *plena tam crebra sint* 85,27, *primus aut solus es* 97,24, *lenitate quae magna sunt* 115,16, *amplectenda si praesto sit* 161,11, etc. — A la fin d'un simple membre de phrase, *suspectus in uerbis est* 109,11. — *Pro me grata sit* : voir § 195.

152. *Romanus et amicus est* II 9, *carus et amicus est* 55,15. *Omnis in operto sit* 282,2 (§ 41,8).

153. *Labor hic tuus laetior est* 48,6, *adfluentium largiter est* 221,27, *more quia libera sum* 282,8 (§ 41,9). *Salubrius et pares copiae sint* 184,1.

154. *Certe ea uiri modestia ea in foro* Romano dignitas est, *ut quantum ei gratiae tribuisti tantum ornamenti ex genero consequaris* 248,25-27 : *Romano* est la leçon de F^1 et F^2; F^3, qui a parfois de meilleures leçons (Seeck p. xxx ; cf. § 80) donne *ratiocinatio*, qui doit être plus près du texte authentique[1]. On retrouve *forum Ro-*

1. Le destinataire de la lettre (IX 43) est *Iulianus*, comme le montre la comparaison de 166,2. C'est le *Iulianus Rusticus* auquel sont adressées les premières lettres du livre III. La façon dont Symmaque invoque sa *senatoria fides* 248,23 donne à penser qu'il n'y a pas encore bien longtemps qu'il est sénateur (v. Seeck p. CXXV), et qu'il n'a pas encore exercé de hautes charges. La lettre est donc notablement antérieure à sa mort, qui arriva en 387-388, et, d'après ce qu'elle contient, elle est posté-

manum 257,9, au sens général et à côté de *curiam nostram;* Symmaque avait peut-être écrit ici *foro patrio.* Peut-être aussi s'agit-il d'un barreau particulier. Cf. 296,34 *u. c. causidicus* fori mei *Celsus,* un avocat qui plaide devant le *praefectus urbi.*

155. *Vrbi negatus est* 38,16, *noster probatus est* 81,1. *Partes relictae sunt* 218,19, *priscas locuti sunt* 196,12. — *Quae post secuta sunt :* voir § 197.

156. *Felicitati tuae grata sit* III 90, *feriis modus nullus est* 7,2, *quam leuis sensus est* 24,25, *undecimus honor factus est* 25,9, *litteris tuis honor factus est* 39,23, *parcior fides maior est* 43,1, *consilio locus nullus est* 44,20, *in praesentia satis dicta sunt* 76,12, *officii mei salua sit* 105,15, *secessio mea testis est* 52,29, *domestica bona cara sint* 93,18, *omnibus gratus est* 59,3, *partium iussa* (?) *sunt* 71,19, *fratribus luctus est* 72,3, *publicum natus est* 84,17, *honoribus maior est* 96,31, *negotii signa sunt* 103,19, *innocens questus es* 85,17, etc. *Possessione questus est* 310,16 : lire *conquestus?* cf. par exemple 51,9. *Epistolae tuae serae sunt* 78,26, *laetitiae meae causae sint* 265,28, *et reus uestrae sim* 337,23, *publico tuti sunt* 281,25 (§ 41,5), *dispendio tutae sunt* 282,20 (§ 41,11), *publicum nati sunt* 287,29, *commeantium notae sunt* 108,29, *admodum gratae sint* 136,9. — *Incepti frustra sim* 38,12, *opinionis frustra sim* 121,10, terminent de simples membres de phrase.

157. *Querelae istius fides* (ou *fides querelae istius*) *dubia sit* 253,31. Irrégulièrement *utrique uenia sit* 116,25 : lire *sit uenia?*

158. *Quaestorio prior est* 57,15, *gratiam locus est* 152,4, *alterutro minor es* 332,19, *quo minus nihil est* 339,5. Mais *deditionem datus est* 323,18, à la fin d'un membre de phrase.

159. *Validior emendatio sit* 335,25, *breuitas inculpabilis est* 184,32. *Promissi seruantissimus es* 58,20 n'est pas nécessairement traité comme fin de phrase.

rieure à la lettre VI 44, probablement de quelques mois. — La lettre IX 43 est séparée des autres lettres à Julianus, parce que le premier éditeur, le fils de Symmaque, en devait le texte à une autre source; il l'avait retrouvée dans les papiers de son père (voir Seeck p. XXV). De même la lettre IX 88 est séparée des autres lettres à Ausone, qui est évidemment le lettré célèbre, précepteur d'un empereur, Gaulois de naissance et, semble-t-il, Bordelais, dont Symmaque trouve les avances si flatteuses. Elle est la première lettre que Symmaque ait écrite à Ausone; les deux personnages ne se sont pas vus encore, et par conséquent elle est antérieure à 369 (Seeck p. LXXIX). — De même encore (Seeck p. XXV) la lettre IX 112 est séparée des autres lettres à Probus.

160. *Simplicitas efficacior est* 243,6.

161. *Iamdiu familiaritas est* 32,7.

162. On se tromperait pourtant, si on voyait dans la règle indiquée plus haut (§ 139) autre chose qu'une mnémonique commode pour les modernes. Aux yeux de Symmaque, le monosyllabe final compte pour quelque chose, car il exclut des fins de phrase un mot comme *ēlātōrum*, mais il admet sans scrupule *inopiam protestatus es* 124,8, *sed tuo modo conpungendus es* 23,19; à la fin d'un membre de phrase *tamen castigata sunt* 5,10, *salubritatis instrumenta sunt* 220,1.

163. *Officia nos designati* est suspect (ci-dessus § 102), mais non *bonus-est iam designatus est* 333,33.

164. Après un mot de deux brèves précédé d'un monosyllabe, *est* compte pour quelque chose, car, si on le supprimait, le mètre serait faussé : *commeante qui tuus est* 248,2. *Meminisse non opus est* 198,27, à la fin d'un membre de phrase. *Labore non opus est* 91,3 n'est pas sûr, car les manuscrits d'extraits ont l'ordre *est opus*.

165. On a *uereor ne excusatio mea ignoscenda non sit* 12,16, *eorum inbecilla frons est* 37,13, *sperare fas est* 155,32, *opima laus est* 259,23, *soluendo non sim* 266,7. — *In te fas est* : voir § 195.

166. *Collegio deliberanda sunt* 24,15 ne rentre pas dans la règle du type *ōrātĭōnem* (§ 106). — *Voluntati tuae mos gerendus est* 265,9 ne rentre pas dans la règle du type *ōs ămīcum*.

167. Le monosyllabe final, ainsi qu'il a été dit plus haut, peut être précédé d'une syllabe élidable. Dans ce cas, comme dans le cas contraire, il est ordinairement censé nul.

168. *Sanitas eligenda est* II 78, *multiloquio temperandum est* 32,32, *a prosperis ordiendum est* 104,17, *nobilitas praeparanda est* 118,29, *quaestibus aestimanda est* 187,7, *iudiciis adprobatum est* 201,22, *celeritas admonenda est* 206,23, *litteris aestimanda est* 217,8, *talium curiosa est* 221,19, *curulibus instruenda est* 240,29, *ciuibus singulare est* 290,9, *legibus derogatum est* 313,24. — *Magis quam postulandum est* : voir § 201. La métrique appuie la conjecture *subtilitas praedicanda est* 227,10-11 (manuscrits *precanda, prec*anda*). *Celeriter terminata est* 2,34 est du père de Symmaque.

169. *Legere me necesse est* 109,32.

170. Tribraque : *difficilis electio est* 115,28. — *Nulla discessio est* 19,6, *nulla curatio est* 25,6, *tributa laudatio est* 39,13, *honesta curatio est* 43,8, *tanta uitatio est* 54,13, *decenter in-*

dului est 73,13, *iusta purgatio est* 77,18, *utriusque fastidium est* 108,7, etc. — Il n'est pas tout à fait indispensable de considérer comme une fin de phrase *utero causatio est* 49,20. *Iudicii discrilio est* 335,21 : corriger *discriminatio* et non *discretio* serait tentant, mais non peut-être prudent, car *e* et *i* sont à chaque instant confondus dans le palimpseste.

171. *Publicata res libera est* 17,7, *forma quae curiae est* 54,27.

172. *Pretium rependendum est* 234,16, *operi ministratum est* 294,34.

173. *Amantibus familiare est* 34,29.

174. Tribraque : *opera legata est* 23,34, *condicio restricta est* 46,27, *iuuene dicendum est* 83,8, *hominibus aeternum est* 223,14. — *Praerogatiua seruanda est* I 77, *fratre curandum est* II 64, *melle placanda est* VII 19, *usquequaque uisenda est* 5,32, *magna mirata est* 16,7, *teste contenta est* 27,8, *cura legata est* 30,28, *grande momentum est* 31,13, *uoce clamandum est* 33,23, *honore dignata est* 42,27, *praefectura conquesta est* 51,9, *nostra mutata est* 55,9, *ante conpertum est* 58,18, *atque natura est* 60,10, *talis exemplum est*, 71,21, *uita ducenda est* 72,11, *amne nitendum est* 84,18, *uoluptatis inlapsum est* 104,29, *utrique commune est* 108,28, etc. — *Exemplo seruata est* 274,36 appartient à un passage corrompu; cf. § 25, p. 14, n. 2.

175. *Atque proposito es* 66,20, *purgare difficile est* 76,17, *referre consilium est* 124,22.

176. *Quiete refouenda est* VI 15, *probitate genuina est* VI 67, *conpensatur onerosa est* 4,28, *uena tenuata est* 9,30, *certumque documentum est* 36,4, *suspicionis aliena est* 39,25, *instar odiorum est* 76,9, *cuique pretiosa est*, 91,29, *utroque faciendum est* 229,27, *obliuione tenuata est* 235,12, *aduentante minuenda est* 239,13, *animositate peragendum est* 271,28.

177. *Omne quod simile est* 22,24, *diuinitatis in solido est* 218,5, *usus in facili est* 309,5.

178. Tribraque : *reditus in uoto est* 49,27. — *Suadet in tuto est* 55,1, *communis haec culpa est* 116,22, *religione qua dignum est* 167,3, *communis in tuto est* 226,9, *nosse te certum est* 251,4, *religiosa quam iusta est* 263,18, *exprobro quod uicta es* 326,10.

179. *Velimus in aperto est* 42,8, *rumor in operto est* 162,18, *aestimationis in aperto est* 178,27. Le nom propre qui manque entre *frater meus* et *in aperto est* 97,33 devait finir par un trochée.

180. *Officio proxima est* 23,15, *commeantium copia est* 105,6[1]. — Irrégulièrement *iampridem credita est* 57,17, *tuto credita est* 67,8[2] (membres de phrase), *factă gratia est* 170,33.

181. *Militaris potita est* 38,31.

182. *Reliqui factum est* 4,32, *consilii forma est* 48,26, *suburbanitas nostra est* 74,31, *negotio nata est* 113,32, *uoti mei summa est* 23,12, *auditoribus meis causa est* 42,2, *soceri sui nata est* 47,6, *adstipulationis minor causa est* 47,24, *publicatum nihil lectum est* 60,24, *omnium parens facta est* 74,3, *gaudii mei causa est* 97,26, *redundant sitis magna est* 120,26, *quam legi promptum est* 46,9, *et breuis sermo est* 147,26, *quae mihi tecum est* 49,2, *quam mihi laudi est* 51,20, *salubre mihi uisum est* 156,37, *uoluntas mea cordi est* 63,9, etc.

183. *Litteris tuis pretium est* 74,13, *maximum morae pretium est* 111,33, *mei ingenii ratio est* 266,25, où la variante *ingenii mei* a chance d'être la bonne.

184. *Si uales bene est* 108,11 : la locution *si uales* joue le rôle d'un mot polysyllabe (§ 55).

185. *Verbis supersedendum est* 22,4.

186. *Solacio quam uoluptati est* 219,15.

187. *Tantum gratulatio est* 98,30 serait comparable à *populi R. supplicatio* 99,33 (§ 113), mais il n'est pas indispensable de considérer ces mots comme une fin de phrase. *Sed haec* (la place de *haec* est incertaine) *otiosorum disputatio est* 282,15 (§ 41,11). *Omnium gratulatio est* 202,7.

188. *Fallaciae meditatio est* 74,27 est tout à fait invraisemblable, étant donné d'une part les fins de phrase comme *testetur iteratio*, d'autre part les fins de phrase comme *nulla curatio est :* lire *praemeditatio* (cf. *imbrium continuatio*, § 112). On a *praemeditatus* 50,11, 227,13.

189. *Nulla minatio est* 6,23 est une faute suggérée par le *minaris* qui précède; il faut partir de *uitiatio*, leçon du manuscrit de Giphanius, et corriger avec Scioppius *uitatio*. Cf. *iusta uitatio* 281,14 (ci-dessus § 41,4).

190. A la fin de phrase *inopiam protestatus es* (§ 162) on peut comparer *corticibus inculcata est* 110,31, *laetitia deriuata est* 224,19, ainsi que *sit linguae modus qui fortunae est* 108,8.

1. Le génitif pluriel *commeantium*, assuré ici par le mètre, doit inspirer quelques doutes sur *cogentum* 67,9.

2. Je note incidemment une correction pour la phrase suivante : *ut huic in fructu sit cultus bonorum, prauis pudori quod similiter* <*commendati dissimiliter*> *diliguntur.*

A *bonus-est iam designatus est* (§ 163), on peut comparer *potius quam producenda est* 80,6.

7. *Monosyllabe* est, sunt, *etc., précédant le mot ou groupe final.*

191. Devant un mot ou groupe final, un monosyllabe appartenant à la conjugaison du verbe *sum* doit parfois être distingué d'un autre monosyllabe. Soit par exemple une phrase terminée par *meum non dedit* (ci-dessus § 76) : le monosyllabe *non* sera précédé d'un mot à pénultième brève, *mĕum.* Soit au contraire une phrase terminée par *factus est honor :* le monosyllabe *est* sera précédé ici d'un trochée. C'est que les deux monosyllabes ne se ressemblent que sur le papier. Dans la prononciation, *non* s'appuie sur ce qui suit; *est,* au contraire, sur ce qui précède[1]. La fin de phrase *meum non-dedit* est comparable à *deam sobriam; factus-est honor* est comparable à *moribus fuit.*

192. On lira donc *factus-est honor* 23,32, 39,2, *faciendus-est modus* 41,9, *integratus-est honor* 99,17, *familiaris-est* (?) *meus* 113,13, *nullus-est rubor* 131,14, et, à la fin d'un simple membre de phrase, *summus-est honor* 33,30, *tantus-est amor* 84,29. — De même, suivant l'analogie des fins de phrase du type *scripsĕris* ou *fuĕris ārĭdōrum,* on lira *accitus-est gaudeamus* I 94, *commendatus-est praestitisse* III 49, *missa-sunt offerantur* II 81, *uisenda-sunt displicerent* 1,13, *necesse-sit detineri* 54,13, *nomen-est exigebam* (ou *exigebatur?*) 60,20, *amicus-est explicabit* 71,14, *instar-est sponsionis* 77,10, *dignatus-es polliceri* 90,28, *aduersatus-est postulatis* 268,18, *plerique-sunt debitores* 263,29 (sur ce passage voir § 49) ; — *genus-est ambiendi* 25,32, *opus-est conmorari* 204,6, *locus-est pactionis* 326,34. Suivant l'analogie des fins de phrases du type *scripsĕris, fuĕris ămīcōrum,* on lira à la fin d'un membre de phrase *questus-est facultates* 306,16. On fera rentrer dans les divers types étudiés précédemment *non-est necesse* 45,12, 153,1, — *adiecta-sit euocatio* 250,9, — *fas-sit intrare* 275,5, *non-sit exceptus* 311,21, *non-sit inuentus* 320,25, — *mihi-sit animus* 72,10, — *decreta-sunt non tacebo* 99,29, *salutis-est cum ualetis* 278,13, *uisa-sunt*

1. Ceci explique comment *non-ferant* et *par-fuit* peuvent remplacer un mot polysyllabe (§ 55). D'une part *non* s'appuie sur *ferant,* d'autre part *fuit* s'appuie sur *par.*

quam fuerunt 325,19, *cultus-est quam deorum* 330,4, *electus-es re probatus* 330,36, *redimitus-est tu subactus* 332,6, *dignus-est qui legatur* 337,33, *securus-es quam remissus* 338,8. Des fins de phrase *adeptus domum per successionem, prouenit* (*ĕ?*) *ad maturitatem* on rapprochera *ereptus-est quam desideratus* 121,28, *electus-es qui deliberarunt* 320,24. Après *auctus-es* 68,26 on pourra suppléer *nuntio,* ou, entre *auctus* et *es*, *indicio,* mais non inversement.

193. Ici la métrique de Symmaque réserve à l'érudit une surprise. On a vu qu'il était permis de terminer une phrase par *molitŭs est, molitī sunt* ou *molita est,* sans distinction, c'est à dire que devant le monosyllabe une brève, une longue et une syllabe en hiatus sont équivalentes. Il semble qu'il en soit de même quand le monosyllabe n'est pas final. Il est précédé d'une longue dans *rumpendae-sunt morae* 211,12 (sur cette expression voir Kroll p. 44), *uoluptas-est quam fruendi* 68,2, *inimici-sunt qui rebellant* 323,11, cf. § 201; comme devant le monosyllabe final (§ 139, note), la rareté relative de la longue s'explique indépendamment de toute considération métrique. — L'équivalence admise entre la brève et la longue doit, à ce que je présume, s'expliquer surtout par voie historique; c'est ce qu'il serait plus facile de développer à propos de la prose métrique de Pline le Jeune. En attendant que la lumière soit faite sur ce point, les partisans de la théorie de l'accent auront beau jeu à dire que l'explication est purement phonétique, et que tout vient de la ressemblance du proparoxyton *rumpéndae-sunt* avec le proparoxyton *rumpénda-sunt,* ressemblance qui d'ailleurs a pu réellement influencer Symmaque, j'entends à son insu. — Pour l'hiatus, au moins apparent, j'ai noté : 1° *praerogatiua-est consulatus* 333,27, et à la fin d'un membre de phrase *cura-est adiuuatur* 32,9, *summa-est postulati* 199,22; 2° *factum-est quod uolebam* 55,22, *commune-est non laboro* 262,15, *opportuna-est quam fauori* 333,31, et à la fin d'un membre de phrase *uersa-est ad salutem* 161,6, *passa-est ut silerem* 185,3; 3° *censenda-est parsimonia* 338,15; 4° à la fin d'un membre de phrase *subeunda-est uerecundia* 243,23; 5° *omne quod in cursu-est uiget* 194,1 (serait-ce une citation poétique, un commencement d'hexamètre?[1]), et à la fin d'un membre de phrase *facta-est uia* 41,8; 6° *uoluptati mihi-*

1. Le sens serait assez favorable à cette hypothèse ici, mais on ne pourrait l'appliquer à *sed nunc transcurso est opus* 13,20-21.

est quod uales 187,3; 7° à la fin d'un membre de phrase *profectum-est beneficium* 205,28, qui rappelle *irriti beneficii* (§ 73). Tels sont les faits; ils ont quelque chose d'embarrassant pour l'esprit, et je ne les donne pas comme devant paraître parfaitement clairs. — On a 223,13 *animus armandus* est, *spes quoque adsumenda* est *meliorum* : il faut bien probablement rayer le second *est*, d'autant plus qu'ici le texte repose uniquement sur les manuscrits d'extraits. Rien n'oblige à ponctuer après *condicio est patriae* 53,1. L'irrégularité *fatendum tibi est amice* 260,30 pourrait passer à cause de la simplicité et de la brièveté de la phrase (§ 36), mais *amice* est à peine intelligible, et je suppose qu'il faut écrire ainsi ce passage : *fatendum tibi est :* unice *Gallicanae facundiae haustus requiro. non quidem*[1] *his septem montibus eloquentia Latiaris excessit, sed quia praecepta rhetoricae pectori meo senex olim Garumnae alumnus inmulsit, est mihi cum scholis uestris per doctorem iusta cognatio.* — *Longa est epistula* 18,21 est d'Ausone.

8. *Autres monosyllabes pénultièmes.*

194. D'ordinaire, un monosyllabe pénultième s'appuie sur le mot suivant, et forme avec lui un groupe qui est traité comme le serait un mot unique ayant la même prosodie : voir les différentes parties de la présente étude. On a vu que cette règle ne s'applique pas aux monosyllabes comme *est*. Elle ne s'applique pas non plus aux monosyllabes comme *me*, quand ils sont précédés d'une préposition qui les régit; il serait absurde, en effet, de les détacher de cette préposition pour les rejeter sur le mot suivant. Il n'y a donc pas à comparer des fins de phrase comme *expectare non-potuit* avec la fin de phrase *apud-te licuit* 132,19. Néanmoins celle-ci a quelque chose qui étonne : on comprendrait bien que *licuit* pût être précédé de *apŭd-hunc*, comme il peut être précédé de *melĭus ;* il semble choquant qu'il soit précédé du bacchée *apud-te*, alors qu'il ne pourrait être précédé du bacchée *amicos*. Ici

1. On lit ici *non quod ;* la source unique du texte est le manuscrit perdu de Juret. 62,30 c'est le manuscrit de Paris qui donne fautivement *non quod;* 249,20 c'est F²; ailleurs Symmaque dit correctement *non quo* (par exemple 80,22, où Juret voulait à tort *non quod*).

encore l'anomalie s'explique probablement par des raisons historiques, la prononciation aidant d'ailleurs Symmaque à faire une différence entre *amîcos* et *apud-tê*.

195. Quand la préposition qui précède le monosyllabe est monosyllabique elle-même, les deux mots forment ensemble un spondée qui ne se confond pas avec le spondée ordinaire. Il peut, comme le spondée ordinaire, être employé devant un mot final du type *ămīcum : in-se recepit* IV 40, *in-me recepi* 237,4, *in-se seuerus* 289,28, *ad-te reuertit* 120,23 ; à la fin d'un membre de phrase, *per-se probatum* 48,11, *per-uos amicus* 105,11, *a-me parata* 113,33, *a-te salutem* 189,7, *ob-res secundas* 277,27. De même devant un mot final du type *ōrātiōnem :* à la fin d'un membre de phrase, *in-uos adfectionis* 233,7. A côté des fins de phrase comme *defectu nauigationis* (§ 122), on a ainsi *de-te gratulationem* 13,21. Mais il existe aussi des combinaisons où les spondées de la forme *de-te* sont assimilés non plus à des spondées ordinaires, mais à des pieds ayant la pénultième brève. Ainsi *pro-me grata sit* REL. 1, — *ad-te misi* 135,24 (et 40,12, 54,26, 66,3, 130,8, 276,22), — *in-me uoluntate* 20,17 (§ 217), — *ad-te neglegentiam* 243,11, — *prae-te diligam* 17,3, *a-me traditus* 48,17, *a-me nuntii* 97,4, *de-te gaudio* 62,3, *de-te postulo* 134,29, *de-me sentias* 112,28 (§ 36), *de-me gaudeas* 234,16, *de-me praedicas* 260,12. Dans *in-te fas est* 4,17, le spondée *in-te* est assimilé au trochée des fins de phrase comme *sperare fas est* (§ 165). Ce qui revient à dire que les groupes pénultièmes comme *in-te* paraissent échapper à toute règle.

196. Dans *posse te non-neges* VII 47, *ferre quae non-uident* 44,15, *abire par non-fuit* 132,3, les deux derniers mots forment l'équivalent d'un mot comme *ārĭdum;* ces fins de phrase sont donc comparables aux fins régulières comme *esse quae scripseris* 131. — Il est douteux qu'il faille ponctuer après *ceteris ut nunc facis* 68,13; on rentrerait dans une règle connue en écrivant *uti* au lieu d'*ut*, mais le *ut solebas* qui vient ensuite doit déconseiller cette correction. Cf. *factum uelis* etc., § 96.

197. Dans *malo ut iam recurras* 260,7, *existimationis quam nos salutis* 334,19, et, à la fin d'un membre de phrase, *in eo spem quam dedisti* 212,15, *queritur et quod precatur* 339,3, le spondée formé par les deux monosyllabes paraît être considéré par Symmaque comme l'équivalent d'un spondée ordinaire. La correction *cop<ia> iam non egemus* 120,11 paraît métriquement bonne. — A la fin d'un membre de phrase on a de même *periculosa quae post secuta sunt* 172,9. — *Illa sunt quae conperi* 324,12 est corrompu; la métrique écarte la conjecture *sane* pour *sunt* (*fando* irait pour le mètre et pour le sens, cf. 29,23 ; paléographiquement il ne satisfait pas tout à fait, l'échange entre *f* et *s* n'étant pas chose aussi vraisemblable dans le palimpseste qu'il le serait dans un manuscrit en minuscule).

198. *Si adhuc promitteretis quae iam praestitis<tis>* 335,16 : pour faire rentrer cette fin de phrase dans l'analogie d'une cadence connue, il faudrait supprimer *iam;* l'antithèse n'en serait que plus élégante.

199. *Germine sed in-fruge sunt* 104,37 est comparable à *expedit ut ingrata sit* (§ 144).

200. *Si ita-uis Atticis* 23,17, à la fin d'un membre de phrase, doit être rapproché non des fins de phrase comme *esse quae scripseris*, mais des fins de phrase comme *ambiguo conloco.*

201. *Magis quam postulandum est* 125,30 : *magis-quam* paraît former pour Symmaque un groupe, comparable aux mots *antequam, priusquam*, et où la quantité de la pénultième est indifférente comme dans les groupes *rumpendae-sunt, uoluptas-est* (§ 193).

9. *Rencontre des voyelles à l'intérieur d'une fin de phrase.*

202. Il n'est pas douteux que Symmaque admet à la fin des phrases des groupes comme *tuto est, ordiendum est.* En outre, on l'a vu, ces sortes de groupes paraissent être admis devant le mot ou groupe final, et là ils sont traités comme si l'auteur y admettait l'hiatus, ce qui ne peut guère être qu'une apparence.

203. Par contre, Symmaque admet peut-être, devant un mot ou groupe final, l'élision d'un monosyllabe. On a VII 22 *ut uerborum meorum haustus exiguus efficacior sit ad sollicitandam sitim* (dans le meilleur manuscrit, *itim* est sur un grattage) *quam ad explendam;* je conjecture qu'*efficacior* a été déplacé : *ut uerborum meorum haustus exiguus sit, ad sollicitandam sitim* efficacior *quam ad explendam.* L'élision de *quam* explique de même *animi quam occupatio* 24,8. *Liberum quam amicitia* 20,14 est douteux : § 217 n. Au contraire on ne s'explique pas la cadence de 72,18, *progressum* (lacune?)

laudes tuas uidimus (§ 80), *cum ipse religionem magis ad conscientiam referas quam ad gloriam :* peut-être *quam ad gloriam* est-il une glose complétive, et la phrase originale s'arrêtait-elle à *referas*. On peut ponctuer, en admettant l'élision, après *dubium me habet* 2,25. *Se* est élidé dans *nouis inter se amicis* 112,30. De même *si*, à la fin d'un membre de phrase, dans *pretium si adfuturus es* 147,21. *Imperator* doit avoir été déplacé 323,10 : *si erubescis tuas iniurias ultum ire* (voir § 208) *audi* imperator quod te acuat, *nostri inimici sunt qui rebellant;* la cadence, en effet, devient juste en lisant *quod te acuat imperator*. On ne peut nier que les exemples qui appuieraient la doctrine de l'élision sont en somme bien peu nombreux. — Il n'y a pas à tenir compte des petites phrases indépendantes qui échappent à toute règle (§ 36), comme *Sed quid de hoc multa?* 187,7, *Sed de his hactenus* 171,32, *Longum* ou *Sed longum de his loqui : cautio est ne...* 15,25 et 25,22 (douteux : cf. § 216, note.)

204. La question importante serait de savoir si la rencontre des voyelles est admise en général, c'est à dire après un disyllabe ou un polysyllabe, et autrement que devant le verbe être. Ici encore il faut laisser de côté les petites phrases indépendantes, *Sed quid a proposito excidi?* 28,4, *Ne mihi os subleueris* 103,19, *Verum est* 12,8, *Mihi quid solacii erit?* 89,2, *Ea me opinio frustra habuit* 13,32, *Cura ut ualeas* 11,7, *Parua* (?) *haec uisa sunt* 297,7, *Itaque sum dicto audiens* 194,26, *Quo tibi in castris?* 48,25 (si les mots *coram duobus*, qui viennent immédiatement après, ne sont pas une suite corrompue de la même phrase). En outre il faut laisser de côté les exemples où le mot final est un long mot de forme rare, pour lequel on ne sait pas au juste s'il a existé une règle quelconque un peu précise (cf. § 120) : on ne saurait porter un jugement métrique sérieux sur *ademisse admirationem* 46,18, *incerti administratio* 44,8, *diligentiae impetrationem* IX 2 (où on n'a que les manuscrits d'extraits), *satis tutae aestimationis* (ou peut-être *aestimationes*) *sunt* 38,22. Il est ou impossible, ou au moins bien difficile, de classer et par conséquent d'apprécier *quantum me uelle interpretaris* 112,9, *a me sermo inpenderetur* 200,4, *indignatur linguae adsertionem* 108,2[1], *alia linguae ostentatio* 27,16 (*lin-*

1. D'après *P* et les manuscrits d'extraits ; *V* a *indignatus adsertionem*, ce qui permet de se demander si *linguae* n'est pas hors de sa place. On sait que souvent il y a connexité entre les interversions et les omissions.

quae <est> ostentatio serait plausible pour le mètre et pour le sens), *mandati mei executio* 120,13. On manque de points de comparaison pour *dii boni quam nihil homini tutum atque exploratum est* 24,19. *Nunc mihi tu* amice obiurgandus es, *qui cum uicina itinera perstrinxeris, flectere ad nos habenas longum putasti* 119,29-30 : on peut bien poser la question s'il ne faudrait pas lire *amiciter obiurgandus es* (cf. *inopiam protestatus es*, § 162), mais il serait hasardeux de formuler une réponse. Et quelle que fût cette réponse, elle ne résoudrait pas le problème relatif aux mots et groupes de longueur ordinaire. En dehors de ces exemples spéciaux et des petites phrases indépendantes, la rencontre des voyelles est fréquente dans notre texte de Symmaque, mais le nombre des cas se réduit singulièrement, si la critique a soin de procéder d'abord à un épluchage.

205. Dans certaines fins de phrase, la rencontre des voyelles n'existe que grâce à l'erreur des copistes, dans d'autres, grâce à leur paresse. *Domini imperatores* (279,7 et passim; quelquefois, au singulier, *domine imperator*) est incontestablement une formule tronquée, qui, lorsqu'elle était complète, finissait par une cadence régulière *semper augusti* (au singulier, *domine imperator... semper auguste*). Suivant M. Seeck, elle aurait été écourtée par Symmaque lui-même, et le savant éditeur se refuse à corriger les mutilations de ce genre « *ut a scriptore ipso profecta* ». Mais Symmaque ne pouvait pas plus mutiler sa prose métrique qu'un poète ne peut mutiler ses vers. Même dans une prose non métrique il n'aurait pas pu, sans cacophonie, placer après certaines phrases amples une incise aussi courte que *domini imperatores*. Un haut fonctionnaire byzantin ne pouvait pas, sans inconvenance, avoir des impatiences à propos des titres impériaux, alors surtout qu'il ne fait pas grâce à ses lecteurs d'un *uir laudabilis*[1]. Je n'hésite donc pas à attribuer les mutilations aux copistes, d'autant plus qu'elles sont capricieuses et que çà et là la formule pleine reparaît. — *Parua fatemur esse quae misimus, sed honorificentiae parentis religione potius quam me de munere aestimatur* 264, 5-6 : M. C.-F.-W. Müller corrige *praebentis* et *modo mune-*

1. C'est le copiste de *P*, non Symmaque, qui a supprimé 141,24 et 142,27 les abréviations *cū* = *clarissimo uiro* et *ūc* = *uiro clarissimo*, données par les autres manuscrits; il est surprenant que M. Seeck les élimine de son texte.

rum aestimantur. Il faut lire, en mettant tout au singulier, *honorificentia e praebentis... quam e modo muneris aestimatur.* — *Priuato rectore utatur* VI 37 : on ne peut hésiter à reprendre l'excellente correction que le sens avait suggérée à Latino il y a trois siècles, et que M. Seeck a reléguée indûment au bas de la page, *priuato rector utatur.* — *Praetoria donum nouum deo iuuante expectat,* · *in qua me crocodillos...* 276,10 : ceci est un texte manifestement fautif, connu seulement par les manuscrits perdus. Il faut lire sans doute *expectat <editio>, in qua...*; Symmaque dit souvent *editio,* et aussi *functio.* Les deux mots à deux lignes de distance, 269,18 et 20; dans la même ligne, 178,28[1]. — *Vt desidem me scribendi* saepe accusas. *quid doleam magis nescio. sermo omissus amicitiae neglegentiam uidetur arguere, parcus infantiam* 107,11 : il y a ici quelque chose d'obscur, ce qui a conduit M. Seeck à proposer une correction, l'interversion des deux dernières phrases. Cette correction est insuffisante : ce qui vient ensuite, *castigasti item quod... consociem,* montre qu'il s'agit d'un reproche fait une seule fois, et que par conséquent *saepe* porte sur *scribendi* et non sur *accusas;* d'autre part on voit que ce reproche était double, car Symmaque fait un double aveu, *sum quidem loquendi pauper* (mes lettres sont courtes) *et tenax cartulae*[2] (mes lettres sont peu nombreuses). Il est donc tombé quelque chose. Il faut écrire, par exemple, *scribendi saepe <aut abundanter> accusas.* — *Mystagogum induco* 237,25 : tout appuie la correction *mystagogus* (cf. 160,16, 189,16). — *Scabere aemulos* 277,10 a été heureusement corrigé en *scabere mulos;* cf. Kroll p. 61. — *Primo famam quae optimo cuique pretiosa est, tunc amicitiam* fidei indicem, *postremo leges pro quibus excubas, dignare defendere* 91,29. Cela n'a aucun sens : lire *fidei uindicem.* — *Etenim cum ipse me non esse soluendo* dignum arbitror, *ad uicem meae gratiae fauorem tibi praesidii caelestis exopto* 216,4. M. Seeck supprime *dignum.* Le mot en effet est inexplicable; mais il est probable que la vraie leçon était *nunc,* et que *dignum* est né de ce *nunc* joint à un doublon de la syllabe *do* (la correction *arbitrer* ne me semble

1. *Edictio* 241,4 (dans les manuscrits d'extraits). — Sur *editio, functio,* voir Schulze p. 136, 143.

2. Les manuscrits donnent *cartulae* sans *h,* et il ne me paraît pas démontré que Symmaque ait orthographié à la grecque un diminutif contenant un suffixe latin.

pas indispensable). — *Capituli exitio cunctorum lacrimisque expiauit, nunc interlucet homo* (ou *hoc*) *homini* 277,29 : les deux membres de phrase sont manifestement corrompus. Dans le premier, M. Seeck lit *<poena> capitali exitia cunctorum lacrimasque expiauit;* mais quelle étrange gradation que *exitia lacrimasque!* et la variante *capitali* a chance d'être moins près de la leçon primitive que *capituli* (cette forme cacherait-elle le nom du Capitole?) Dans le second membre, *hoc homini* est peut-être la forme ancienne de la faute, celle dont *homo homini* a été tiré par un interpolateur. De même 278,3 la leçon du manuscrit de Giphanius, *decrepito in placidum mutauere animi,* représente une vieille faute, et la leçon des manuscrits d'extraits et de Seeck, *decrepitos mutauere animos,* n'est qu'un raccommodage arbitraire. — *Nolo litteras stillantes de* summo ore, *illas peto quae arescere nesciunt, quae ex intimo pectoris fonte promuntur* 23,15 (cf. 108,4-6). Telle est la leçon du manuscrit *V;* les manuscrits d'extraits ont *de summo ore stillantes,* mais Symmaque ne place jamais devant un groupe comme *st* une syllabe qui doit compter comme brève. Il avait sans doute écrit *stillantes ore de summo :* les mots *ore de summo* auront été omis, puis rétablis avec peu d'exactitude et, dans les manuscrits d'extraits, à une place autre que la vraie.— *Nam mihi summa curatio est, ut amicitiam tuam boni uberent* (variante *haberent*) 22,23; le manuscrit de Paris fait défaut. Cette phrase, que M. Schulze a notée p. 200 sans paraître surpris[1], est inintelligible, bien que Symmaque emploie 70,8 *uberare* dans un sens un peu différent de ceux qu'indiquent les lexiques. Deux lignes plus haut se trouve un *merito* ou déplacé simplement, selon l'idée de M. Seeck, ou à la fois déplacé et altéré : les deux fautes seraient-elles connexes? — *Sed* (ou plutôt *scilicet?*) *tardiores processus habet uerecundia, quae facit ut intra merita honoris sui haereat* (ou *aereat*) 111,30-31. Cela signifierait « la modestie est cause qu'elle-même reste en deçà des mérites de son avancement », ce qui est absurde. On peut lire *honor suus :* elle est cause que son propre avancement reste en deçà de son mérite. — *Suscipe oro benefaciendi prouinciam quae hominum merita*

1. M. Schulze cite *uberare* transitif dans « Eumen. ». C'est l'*Incerti gratiarum actio Constantino Augusto* de Bährens, *Panegyrici* p. 188,1; mais là il faut lire *ubertat*, comme Bährens l'a imprimé d'après ses sources, et comme la métrique l'exige.

deo adplicat, *clarior<es>que fructus ex huius commodo cape, mihi enim uidentur beneficia plus conferre praestanti* 189,30. Cela ne semble rien dire de précis[1]; on a conjecturé *hominem merito*, mais le sens d'*adplicat* resterait étrange. Ce mot, dans Symmaque, signifie « imputer » : *causam silentii non uoluntati aut desidiae meae sed occupationibus adplicetis* 210,20. Ailleurs c'est « mettre en œuvre pour » : *illius fortunae adplicem (preces)* 48,12. Un exemple notable du même mot est 237,23, *quaedam scintilla sapientiae est uirtutum luminibus adplicari* « de vouloir se mettre dans l'entourage des hommes supérieurs ». En tout cas, supposé qu'on doive accepter la construction *alicuius merita alicui adplicare*, il y aura une correction bien simple : *hominum merita* diis *adplicat*. M. Seeck a relevé en effet cinq passages où le polythéisme de Symmaque a été ainsi dissimulé, par un *interpolator christianus* suivant lui, plus probablement par divers copistes[2], et il y a un sixième exemple [3]. — *Non aspernabere... diptychi et apophoretici oblationem* 268,6 : *apophoretici* est un barbarisme, et doit disparaître du texte de Symmaque et des dictionnaires; on n'a ce passage que par le manuscrit perdu de Juret. Si on compare 140,9 *diptychum candidati et apophoretum librarum argenti duarum*, 66,25 *diptycha et apophoreta suscipere*, on ne doutera guère qu'il faille lire ici *apophoreton oblationem*. — *Potest tamen adhuc istiusmodi munus augeri* (variante *augere*) scribendi adsiduitate, *ut cumulet uoluntas familiaritatem nostram* (placer *uoluntas* après *nostram*, § 97), *quam nunc uidetur necessitas inchoasse* 263,25, texte connu seulement par les manuscrits perdus. Ici *ut cumulet* va mal après *adsiduitate*, mais irait bien après *augeri* : on lira donc, en intervertissant, *scribendi adsiduitate istiusmodi munus augeri*. — *Salue igitur mi* domine inimitabilis, *nosque et generaliter cum ceteris ut nunc facis* (§ 196) *et speciatim cum carissimis ut solebas, his muneribus oris ac pectoris tui benignus inlustra* 68,12-14.

1. M. Boissier, *Journal des Savants*, 1888, p. 722, dit que Symmaque recommande la bienfaisance aux riches avec des termes *qui rappellent la charité chrétienne*. Il y a bien des chances pour que ce jugement soit exact, mais je ne crois pas que nous soyons sûrs du texte sur lequel il porte.

2. Le singulier fautif est donné 4,30 par *VΓ* (contre *M* qui aurait le pluriel?), 6,14 par *F* (contre *V*), 116,24 et 127,23 par *VF* (contre *P*), 128,25 par *VM* (contre *P*; *diis P*, *deus VM*, lire *dii*); ici il serait donné par *PVM*.

3. A la liste de Seeck il faut ajouter 23,12 (*F* contre *V*).

Le mot *inimitabilis* est justifié par le contexte, *qui amorem in nos tuum aequiperare non possumus* (ou plutôt, vu l'étrangeté d'un tel compliment, *qui am<andi m>orem...?*) 68,11, mais ce mot n'a pas de sens s'il se rapporte à *mi domine*. Le correspondant de Symmaque étant à la fois son cousin-germain et le père de son gendre, et Symmaque paraissant s'exprimer au nom de toute la famille, on peut supposer qu'il avait écrit à peu près ceci : *mi domine*[1] *<frater et parens> inimitabilis*. On n'a ici que le manuscrit de Paris. — Symmaque écrit à Julianus III 6 (71,30-72,2) : *solet quidem aegritudines animi ratio mitigare, sed fortunae nostrae tantum uulnus est ut et ne tua quidem delenifica et suada facundia, cicatricem possit obducere. fors fuat an dies longa quandoque hebetet laxatum dolorem, siquidem malis omnibus finis de tempore uenit. interim frigent uerba solantium, neque aures adplicat consiliis bonis surdus ex iniuria animus*. L'avant-dernier mot est parfaitement impropre : la douleur que cause à Symmaque la mort de son frère ne peut être appelée *iniuria;* ici pourtant je ne crois pas qu'il y ait altération du texte. L'explication de la difficulté est fournie par les mots *delenifica et suada facundia*, qui figurent un peu plus haut. On les retrouve dans une lettre d'Ausone à Symmaque, 17,21 : *modo intellego quam mellea res sit oratio, quam* delenifica et *quam* suada facundia. A coup sûr, Symmaque ne fait point allusion à la lettre d'Ausone quand il écrit lui-même à un tiers (ce qui a paru croyable à M. Schulze p. 116 et 230, et que M. Kroll p. 88 a essayé d'expliquer) : la locution commune aux deux lettres est donc une citation d'un passage classique[2]. On peut penser à quelque scène célèbre d'une tragédie (la *facundia* est peut-être celle de Phénix cherchant à apaiser Achille dans la pièce d'Accius); *surdus ex iniuria animus* serait un premier hémistiche de septénaire tiré de la même scène, et *iniuria* ne devrait être entendu avec rigueur que du héros tragique.

206. Ailleurs la rencontre des voyelles n'existe que par le fait des philologues. *Constat cito eruendum* 275,32-33 est une conjecture

1. *Mi domine,* sans épithète, se retrouve 11,5 (Symmaque à Ausone). Ausone écrit 18,5 *domine mi fili Symmache*.

2. Symmaque emploie d'ailleurs pour son compte l'adjectif assez rare *suadus : suada Circae pocula* 24,10. L'exemple est curieux, car Symmaque prend *Circae pocula* dans Horace, *Epist.* I 2,23 (Kroll p. 54) et ajoute *suada*. — Il dit *deleni<fi>cis amoris artibus* 184,23-24.

pour *constituit eruendum*, texte qui est bon en soi, et qui n'a été mis en suspicion que parce que les copistes avaient omis le sujet de *constituit*. *Diuturnitatem edidisse* : voir § 89, note. *Definitum auctionis* 326,29, selon Kroll p. 17 : texte des plus incertains; cf. § 70. *Muneris nostri admouetur* 140,30. *Rei expostulas* 267,19 : les sources ont *rei postulas*, qui est bon, ou *rei epistola*, corruption qui ne tire pas à conséquence. *Epistolae iteratio* 168,11, à la fin d'un membre de phrase, est une conjecture; elle est peu claire[1]; le manuscrit a *gratia*, qui à la vérité se comprend mal, mais qui va bien métriquement. Il est bien douteux que *biennium obdura* VIII 41 soit fin de lettre ou même fin de phrase. M. Seeck, 214,2, propose de boucher ainsi une lacune, *dictio <salutis longiorem> excursum* : cela ira bien si on choisit l'ordre inverse, *longiorem salutis*. *Propere emissa* 170,27 est une conjecture pour *nuper emissa*. *Candidati adsereret* 332,35 est conjectural; le palimpseste a ******tis*, peut-être *cantatis*; *<mei> parentis* irait. M. Seeck ponctue 311,11 *impetrati excidit; cognitorem namque...*; or les sources donnent ou *cognitor eamque* ou *cognitorem quem*; la métrique appuie la conjecture de M. Guillaume Meyer (de Spire), *impetrati excidit cognitore, quem* ... — Les sources donnent 297,1-4 *tuitionem contra me et annonae praefectum clarissimum uirum, de sede uicaria postulauit, cum ergo* (lire *ego*) *aditus in causa publica ciuilem conuentionem* matri eius *super nepotis sui munere detulissem, responsione seruata* qua (*ou* quae) retinere asseritur patrimonium candidata (*lire* candidati), *praefectus uero annonae...* : cela va très bien pour la métrique; M. Seeck transporte *quae... candidati* après *matri eius*, de sorte que *matri eius* devient la fin d'un membre de phrase. Il faut renoncer à cette correction; d'ailleurs, elle ne paraît pas atténuer les difficultés de fond nées de la complication de l'affaire[2]. — La prétendue fin de

1. Il est douteux d'ailleurs que cette lettre (VI 53) ait le moindre rapport avec VI 63, comme le suppose M. Seeck p. CLXIV. Sans doute toutes deux ont été confiées au même porteur, mais non pas dans les mêmes circonstances.

2. Une de ces difficultés semble aisée à écarter. Le personnage qui est le sujet de *postulauit*, le clarissime Celsus, avocat près la préfecture urbaine, est dit *socius* du candidat (296,34), sans qu'il soit indiqué entre eux un lien de famille. Mais, la mère de Celsus étant la grand'mère du candidat, Celsus est nécessairement ou le père du candidat ou son oncle, et cela ne peut être passé sous silence. Il faut donc, très probablement, remplacer *socius* par *thius* ou *tius* « oncle », l'italien *zio*, le mot roman tiré de θεῖος. Cf. Isidore, *Orig.* IX 6,15; on me dit qu'un exemple de *thius* se trouve dans une inscription récemment découverte. L'interpolateur a considéré *tius* comme une mutilation de *sotius* par un *t*, épel qui se retrouve dans le principal manuscrit des lettres privées (P), 49,18 et 104,13. Ces sortes de fautes, banales dans les manuscrits des temps capétiens, sont encore assez rares dans les bons manuscrits de Sym-

lettre *accessu hiemis* VIII 2 est tout à fait douteuse. *Recte agis* 51,29 ne paraît être une fin de phrase que par une mauvaise localisation de la lacune. *Gratulatio exequetur* : voir § 91. *Nolo pro meo debito curiam interuenire* 337,30 est conjectural : le palimpseste a *peruenire*, qui convient pour la métrique. Si on veut satisfaire aussi au sens, on n'a qu'à lire *conuenire*, qui dans Symmaque signifie souvent « s'adresser à, recourir à, requérir, faire intervenir » (ainsi 48,34, 97,28, 138,32, 147,4, 158,20, 250,1, 268,17, 273,8, 292,17, 295,11 ; cf. *conuentio* « interpellatio, exactio », étudié par M. Schulze p. 135.

207. On peut encore imputer aux philologues les cas de rencontre de voyelles, quand ils ont négligé une variante qui exclut cette rencontre. *Certamina* ou *certamen offerimus* : § 41,10, note. *Latius quaesita exequatur* 23,29-30 : préférer l'autre leçon *quaesita latius*. *Exemplaribus gestorum intimaui* 299,15-16 : préférer *gestorum exemplaribus*. *Nequaquam mihi orandus es* 85,4 : préférer *orandus es mihi* (au commencement d'une phrase Symmaque écrit *orandus mihi es* 113,14). *Vt soletis propitii auxilium* 310,8-9 : préférer *propitii ut soletis*. *Asterius mihi auctor est* 261,14, à la fin d'un membre de phrase, selon Scioppius : lire plutôt en supprimant *mihi*, selon Juret. M. Seeck termine une phrase par *<ius> antiquum obtinet* 278,1 : il faut ou adopter comme une variante meilleure[1] la leçon *antiquum obtinet locum*, ou la considérer comme une meilleure conjecture et s'en inspirer pour corriger soi-même le passage. *Praeclarae mentis tuae adfectionem* 98,2 : préférer *tuae mentis*. *Vsque ad aegritudinem* 231,12 : voir § 114. *Prolixa esse non debet* (ou *prolixa non est*) *gaudii mei adtestatio* 224,12, à la fin d'un membre de phrase : préférer *prolixa gaudii mei esse desinit attestatio*, leçon qui est non seulement régulière pour la métrique, mais, bien plus que les autres, à l'abri du soupçon d'interpolation. *Pergentium inquisitio* 243,29 d'après les manuscrits d'extraits (*inquisitio* se retrouve 165,19[2]) : le manuscrit de Giphanius, ordinairement meilleur, avait *conquiri...*, ce qui permet de lire *conquisitio*; sur l'échange des préfixes *in-* et *con-* voir § 210, p. 89.

208. Supposé qu'après un polysyllabe Symmaque admette la rencontre des voyelles, cette rencontre entraînera forcé-

maque. Dans *P* je vois *t* pour *c* seulement dans *conditio* 29,27, 33,30, 88,28, etc. (c'est un barbarisme facile à commettre), *solatium* 54,30, *efficatior* 56,9, *benefitium* 56,29, *partius* 95,20, *prouintia* 119,31, *commertium* 189,2, et inversement *c* pour *t* 55,21, 72,3, 99,14, 133,24, 186,20, 186,29; les manuscrits des *Relationes* ont *prouintiae* 283,12, *efficatia* 282,37. Il est probable que l'archétype donnait ordinairement *sotius*; c'est l'explication des fautes comme *societate* pour *satietate* 223,20.

1. Elle est de F^3, cf. § 154.

2. Et avec un autre sens dans plusieurs passages : Schulze p. 143.

ment ou bien un hiatus ou bien une élision. Si donc un passage n'est métriquement correct ni dans l'hypothèse de l'élision ni dans l'hypothèse de l'hiatus, on doit le tenir pour altéré, ne présentât-il aucune difficulté du côté du sens ni du côté de la langue. *Vt post testimonium meum tamquam nouus amicus tibi accedat* IX 36, passage connu seulement par les manuscrits d'extraits : déplacer *tibi;* cf. *si tibi probabilis amicus accedat* II 80, *ad familiaritatem praeclarae unanimitatis tuae quasi tibi etiam sedulo spectatus accedat* II 72; cf. aussi I 60. *Praesentis desiderii ostendit* 247,4 : lire *desiderii praesentis;* cette lettre n'est connue que par les manuscrits perdus de Juret et de Giphanius. *Voti mei indicia* 91,2 : Symmaque avait probablement écrit *communis,* qui serait bien plus en harmonie avec le contexte; *communis* omis a donné lieu à l'intrusion d'une glose complétive *mei. Prouinciis uestris male abusi sunt* 308,26 : lire *male uestris;* le contact de *uestris* donnera à *abusi sunt* plus de propriété. — *Dehinc prosequor receptam petitionem, quae supradicto si nondum tibi cognitus est praestet* clientelae aditum, *si iam notus augmentum* 252,24 : la lettre n'est connue que par les manuscrits perdus de Juret et de Giphanius, et au lieu de *receptam petitionem,* Juret imprime *recepta est,* ce qui peut faire supposer un archétype en mauvais état; le sens gagnerait, aussi bien que la métrique, si on écrivait quelque chose comme *clientelae aditum* <*tuae, fauoris*[1]> *si iam notus augmentum.* Cf. 245,29-30 *ut ei apud te primam ianuam meus sermo reseraret, sua uita atque eruditio conciliaret* amicitiam *pleniorem;* 212,1-3 *hunc si unanimitas uestra ante non didicit, iudicium meum secuta suscipiat, si usu aliquo iam probauit, quaeso ut illi honor testimonii mei conciliet apud uos* amoris augmentum; 30,23-24 *nam ubi* amoris *rudimenta praeuenta sunt, secundae gratiae locus est ut* augmenta *poscantur;* 81,2-3 *cum* adfectio *boni animi capax sit* augmenti; 94,9-10 *ut* religio, *quae te hortante sumpsit exordium, me adnitente sumat* augmentum; 190,4-5 *tua erga eum* diligentia *non recipit* augmentum; 194,26 *nulla enim* caritas *ita plena est ut* augmenta *non capiat;* 208,22 *meae preces in* augmentum commendationis *accedunt.* (*Definitionis augmenta* 304,1-2 est un peu différent). — *Si erubescis tuas iniurias* ultum ire, *audi imperator quod te acuat* (ci-dessus § 203), *nostri inimici sunt qui rebellant* 323,10 : pour mettre en relief

1. Schulze p. 141 : « uocabulum *fauor* ap. Symm. saepissime legitur ».

tuas qui est le mot important, il est tentant de corriger *tuas ire iniurias ultum*[1]. — On a vu plus haut (§ 89) qu'il faut considérer comme fautives les fins de phrase dans lesquelles un mot du type *ārĭdum* est précédé d'un trochée ou d'un spondée. Ni l'hypothèse de l'hiatus ni celle de l'élision, par conséquent, ne permettent de croire intactes les cadences des exemples qui vont être cités. *Felix materia est* suadere otium, *sed haec adhortatio animum sui iuris requirit* 170,24 : considérer la première incise comme une de ces courtes phrases qui échappent aux règles ? ou bien lire *suadere otium se<nescenti, se>d haec...?* (pour l'âge de Symmaque, voir Seeck p. XLIV). *Quererer consul inuicte necdum tibi* parere omnia, *nisi ea quae adiuncta sunt scirem facta meliora* 328,29 : l'antithèse est mauvaise et le compliment est équivoque[2]; il faut donc substituer à *omnia* une expression dédaigneuse, par exemple *nonnulla* (cf. un peu plus haut « *parum quiddam* naturae superest quod adhuc Romanus inquirat »). *Formidabo arbitrum* 260,26, dans une lettre dont le texte repose sur des manuscrits perdus : en insérant *nunc* on écarterait toute difficulté; ce *nunc* rentrerait d'ailleurs dans l'idée générale. *Qui indictae sibi litis iniuriam* fortunae imputat, *gratiam uero boni reditus de tuo potissimum sperat auxilio* 141,9 : *litis iniuriam* et *boni reditus* formant des cadences régulières, on peut se demander si *fortunae imputat* n'est pas une incise mutilée, et l'obscurité du fond n'est pas défavorable à cette hypothèse, mais une correction simple serait *fortunae <uicibus> imputat.*

209. Ici se trouve terminé l'épluchage préalable, et il serait maintenant possible de trancher le problème essentiel, si les exemples qui restent n'étaient pas en nombre presque dérisoire, et s'ils n'étaient pas contradictoires entre eux. Tels qu'ils sont, ils ne me paraissent pouvoir conduire qu'au scepticisme. Il serait hasardeux d'affirmer que la métrique de Symmaque ait admis, après un polysyllabe, la rencontre des voyelles; il serait hasardeux aussi de le nier. Le plus sage est de se défier, et de considérer toute fin de phrase où des voyelles se rencontrent comme suspecte par cela même.

210. Si la rencontre des voyelles est licite, le premier mou-

1. Ou bien *ultumire* serait-il un mot unique, analogue d'une part aux infinitifs futurs passifs comme *ultuiri*, d'autre part à *circumire* ou *circuire*?

2. *Adiuncta sunt*, d'ailleurs, manque d'un complément (tel qu'*imperio tuo*), mais cette difficulté semble indépendante de l'autre.

vement sera de supposer qu'elle entraîne élision. En fait, il n'y a que bien peu de passages où l'hypothèse de l'élision donne une cadence juste. *His quippe mensibus Campania nitet agri ubere et* arbusti honore, *Baiae imbre raro sole modico temperantur* 6,21 ; ici on n'a que les manuscrits *VM*, qui dérivent d'une même source, et *nitet agri ubere* n'est pas très bien dit (*uber agri* est de Virgile, *Aen.* vii 262 ; Kroll p. 48 ; cf. *uber eloquii* 77,25)[1]. Il serait donc tentant de lire en deux incises, *his quippe mensibus Campania nitet, agri ubere et arbusti honore* <*luxurians*> (ou n'importe quel supplément équivalent). — *Habes saeculum* uirtuti amicum, *quo nisi optimus quisque gloriam parat, hominis est culpa non temporis* 84,15. Trois lignes plus loin on trouve au pluriel *secundo... cursu probae artes et* uirtutes *feruntur;* peut-être est-ce une raison de suspecter *uirtuti*, d'autant plus que Symmaque s'ingénie d'ordinaire à varier les mots (§ 213). En tout cas il n'est pas indispensable de diviser la phrase en trois incises. — *Nam repudiata censura grauat nos principio sola* argumenti inspectione, *sed ubi dicta legeris cum sententia mea in gratiam reuerteris* 108,20. Supposons que Symmaque ait écrit *conspectione*, mot qui paraît ne se retrouver qu'au vi^e siècle, dans un passage de Julien le juriconsulte : la cadence serait parfaite, et le sens serait plutôt meilleur, car, si la tournure était verbale, le verbe employé serait *conspicere* et non *inspicere*. Les copistes, d'ailleurs, auraient facilement altéré un mot aussi rare que *conspectio*, et on retrouve dans Symmaque *con-* préfixe remplacé par *in-* ; ainsi *inquisitio*, § 207 ; 276,11 les deux manuscrits perdus paraissent avoir eu l'un *conpellit*, l'autre *impellit*. On a 146,31 *intentionibus* pour *contentionibus*, qu'a rétabli l'interpolateur du manuscrit *M*. Inversement, 300,19, *consistentibus* doit être une faute pour *insistentibus;* cf. 282,10. On a toutefois *gestorum curialium* inspectione *cognosces* 99,27.— *Consilio trahendae solutionis utendum est, et pars quae ad germanum tuum pertinet* subicienda auctioni, *ut huiusmodi iniuria factum iuuenis exaggeret, aut expleat uoluntatem* 156,30. On n'a ici que le manuscrit de Paris. *Subicienda* <*est*> *auctioni* donnerait, à ce qu'il semble, une cadence correcte (§ 193), et justement il est peut-être dur de sous-entendre l'auxiliaire, le *consilio utendum est*

1. Il y a quelque chose d'un peu différent dans 176,22-23 : *exasperat animum male gesta ratio uilicorum, neque ager* cultura nitet *et fructuum pars magna debetur, nihilque iam colonis superest facultatum.*

qui précède étant disparate. — *Mediolani interim dego ad obsequia auspicii consularis d. n. Valentiniani euocatus* 87,11. Symmaque, qui écrit 49,15 *domini nostri Theodosii* tout court, 49,30 *d. n. Theodosii uenerabilis principis*, a pu donner à Valentinien un qualificatif analogue, <... *principis*> *euocatus* (cf. § 79); mais mieux vaut écrire *Mediolani interim dego ad obsequia auspicii consularis, d. n. Valentiniani* <*litteris*> *euocatus*[1]. Ici encore on n'a que le manuscrit de Paris[2]. Comparer 203,4-5 *sacris enim d. n. Honori augustissimi principis*

1. Ainsi le génitif *Valentiniani* cesse de dépendre gauchement d'un autre génitif. — Ce n'est plus l'empereur lui-même qui va être consul, ni, avec lui, le destinataire de la lettre (II 52). Cette lettre n'est donc pas de la date indiquée par M. Seeck, p. CXXXIV; une difficulté qu'il signale avec beaucoup de pénétration disparaît.

2. La suite de la lettre est celle-ci : *accito mihi fors dedit exercendi circa te stili copiam. libenter ut honor amicitiae postulabat amplexus, salutem tibi defero, quam si bene contemplor familiarium religionem, frequenti usu uicissitudinis repensabis;* M. Seeck lit *ac cito* <*quam*> *mihi*. Au lieu d'insérer ici *quam*, on pourrait insérer *eam* après *copiam*, mais je ne sais si *amplexus* ne doit pas être construit sans accusatif; cf. 50,25 *interea quod te adfore polliceris uehementer amplector*. Quant à *accito*, c'est le participe d'un verbe que Symmaque emploie souvent. Il n'a pu écrire *ac cito*, car, conformément à la règle de Haupt (*Opuscula* I 107), il ne place jamais *ac* devant une des consonnes *c*, *g*, *q*; en dehors du *ac triumphatores* contenu dans le titre des empereurs, j'ai noté dans Symmaque 8 exemples de *ac* devant *t*, 9 devant *d*, 13 devant *p*, 5 devant *b*, 6 devant *n*, 10 devant *m*, 5 devant *r*, 9 devant *l*, 7 devant *s*, 3 devant *st*, 1 devant *sc* (285,15), 11 devant *f*, 1 devant *i* consonne (310,13), 3 devant *u* consonne, total 91. Je n'ai pas aperçu un seul exemple de *ac c-* ou *ac g-*; quant à *ac q-*, il ne se trouve que dans *Venantii ac Batrachiae professio ac quorundam capitalis damnatio* 310,27, phrase où il est permis de le corriger (et où peut-être, en effet, il avait été corrigé dans l'archétype de nos deux manuscrits subsistants, car ils présentent dans la même ligne un *et* de trop). Symmaque écrit 67,32 *spectatum mihi* atque *coniunctum*, 176,18 *quorum contuitus* atque *conuictus commendare nonnumquam solet etiam parca conuiuia*, ce qui est digne de remarque. En effet, en dehors des fins de phrase où *atque* sert à la cadence, comme 99,29, 100,22 (voir § 80, p. 45, note 1), 114,26, 148,28, 152,21, il emploie *atque* presque exclusivement devant une voyelle ou une *h* (exceptions *Honori atque Virtuti* 12,22 [il y a un *ac* dans la même ligne], *amoris atque iudicii* 161,34, *acuminibus atque sententiis* 179,3, *odore atque uestigiis* 182,8, *uirtute atque ratione* 223,12, *rebus atque rationibus* 247,25, *partes atque rationes* 271,29, *memoria atque documentis* 282,3; 207,22 il faut choisir la leçon des manuscrits d'extraits, *in te atque* in *fratre*); 62,31 le manuscrit P donne *atque difficile*, mais Scioppius (d'après P?) a imprimé *ac* (comme à la ligne précédente *ac diligentiae*). — Symmaque n'emploie jamais *ac* devant voyelle; *ac ore* 214,2 et *ac experta* 335,32 sont des leçons des plus douteuses, comme 154,28-32 les variantes *ac unici, ac eruptiones, ac Euangelum*, écartées par Seeck.

litteris *ad officium magnifici consulis euocatus*, 138,17 epistola *consulis euocauit*, 161,26-27 *sanctitatem tuam sacris* litteris *euocandam*, 168,1-2 scripto *eius euocatus*. — *Testabitur officii aemulatio* 188,23. L'interversion *officii testabitur* donnerait une cadence excellente. — Un dernier exemple se trouve 249,24, *antiquior est enim mihi* (ou *est enim*, ou *enim mihi est*) *amicitiae cultus quam illis* (ou *ullis*, ou *illius*) *praesidii impetratio* (ou *interpretatio*). Le texte n'est connu ici que par les manuscrits d'extraits. En tout cas ce dernier exemple est le septième[1]. On voit combien reste douteuse, pour les polysyllabes, la légitimité de l'élision, pourtant si plausible *a priori*.

211. Faut-il corriger les sept exemples, et supposer au contraire la légitimité de l'hiatus? Cela cadrerait avec l'hiatus apparent de *est* (§ 193), mais jurerait avec l'élision présumée des monosyllabes (§ 203). Et comment croire à une telle contradiction entre la prose métrique et la poésie métrique? Symmaque, dans ses vers, pratique naturellement l'élision à la façon classique : 1,20, 2,6, 2,10, 2,11, 2,13, 2,18, 2,19, 7,12. D'ailleurs il ne faudrait pas faire trop de fond sur le nombre un peu plus grand des exemples. Il y en a trop pour qu'on se sente hardi à les corriger sans forme de procès, mais il semble qu'il n'y en ait pas assez, si ce sont les applications d'une règle reconnue par l'écrivain. Personnellement, ils m'inspirent une défiance insurmontable. — Je les répartis en trois classes, selon la forme du mot qui semblerait être en hiatus.

212. Hiatus apparent d'un mot à pénultième longue : *Quare rursus te ad amici defensionem exhortor* 81,9. La phrase devait, semble-t-il, finir par la cadence *amici defensionem*, de sorte qu'*exhortor* est suspect d'avoir été ou simplement déplacé, ou ajouté par conjecture pour remplacer un autre verbe, omis dans la partie antérieure de l'incise. Il y a quelque chance pour que le verbe authentique ait exprimé une autre nuance qu'*exhortor*; cf. dans la même lettre *postulaui, petitione, precatio*[2]. On pourrait songer à une correction comme *te ad<uoco ad> amici*. *Exhortor* se retrouve 239,23, mais construit avec *ut*. — *At mihi animus gliscit gaudio quod euentus*

1. Il n'y a pas nécessité de ponctuer 312,27 après *fieri amat*, heureuse conjecture pour *feriam et* ou *fieri solet*, que confirme le *fieri amat* de 77,19-20 et de 171,29 (cf. Kroll p. 78).

2. Cette considération semble écarter la première conjecture qui vient à l'esprit, *ad amici defensionem cohortor*.

reip. prosperos parili tuo sermone ornasti, *unde factum est ut nostris quoque obtutibus qui procul agimus, quaedam gestorum facies subderetur* 256,24. *Ornasti* prépare médiocrement l'incise suivante : mieux vaudrait, pour le sens, *sermone <prosecutus> ornasti* ou *sermone <testis> ornasti.*

213. Hiatus apparent d'un polysyllabe à pénultième brève : *Numquam in me parcam quin* (variante *qui in*) *tuo* animo obsequar. *noui quam sis mei sermonis exoptans. propterea decreui cum* animo *nihil supersedere litteris porrigendis* 36,10. Le second *animo* rend le premier suspect : c'est sans doute une conjecture faite par un copiste pour remplacer un substantif manquant, par exemple *uoto*, omis entre *obsequar* et *noui.* — *Verba feci in* amplissimo ordine, *quae ubi in manus tuas uenerint, ex tuo animo conicies iudicia ceterorum. ego sub incerto examinis tui aliorum sententias occulendas putaui, ne te praeiudicio tanti* ordinis *uiderer urguere* 23,6. *In amplissimo ordine* est suspect si près de *tanti ordinis*[1], et par elle-même cette expression soulève certains doutes. Suétone dit correctement *egit et gratias ei apud amplissimum ordinem* (*Vesp.* 2), comme il dirait *apud senatores; uerba feci in amplissimo ordine* semble barbare, comme le serait *uerba feci in senatoribus*[2]. *Ordine* a peut-être été inséré par un copiste pour suppléer à une omission, celle de *coetu* ou *patrum coetu* par exemple (cf. 38,20 *legenda in concilio patrum*). — *Id si ita est neque me opinio* frustratui habet, *futurum reor...* 64,15; on n'a ici que le manuscrit de Paris. On ne peut soupçonner l'intégrité de *frustratui* (cf. Plaute *Men.* 695, Nonius p. 6), mais il est très possible que ce mot ait été séparé du suivant par l'adverbe *nunc,* et que celui-ci ait péri par suite de la ressemblance des groupes *-tui* et *nu.* — On n'a aussi que le manuscrit de Paris pour 88,7, *fames in limine erat. In limine,* au figuré, se dit-il

1. Les écrivains médiocres évitent les répétitions de mots. Symmaque, en maint endroit, s'ingénie en synonymie. Voir par exemple dans Schulze, p. 144, la liste des équivalents qu'il donne à *scriptio;* p. 153, les équivalents de *morbus;* p. 156 n., les titres honorifiques donnés dans une même lettre à un même correspondant. Dans la lettre II 67 (§ 32), *commendationis* vient bien vite après *commendatio,* mais la lettre jumelle VII 53 présente une rédaction diversifiée; Symmaque, probablement, s'était aperçu de sa négligence.

2. Pour Symmaque comme pour Suétone (et pour Pline *epist.* X 3), *amplissimus ordo* désigne le corps des sénateurs, non une assemblée de sénateurs. *Hoc ordo amplissimus diu non tulit* 335,34. *Mihi amplissimus ordo mandauit* 101,9. Cf. 34,10, 99,27, 208,27. Même *amplissima curia* 271,29 a ce sens.

sans déterminatif? ici il serait aisé d'ajouter par exemple *patriae*, mot par lequel Symmaque désigne volontiers la ville de Rome. — *Vt per fetiales quodammodo euocaretur* 336,2 : lire *deuocaretur?* le copiste du palimpseste a bien pu omettre une des quatre lettres du groupe ODOD.

214. Hiatus apparent d'un disyllabe à pénultième brève : *Continuatio enim longi itineris stilo obstitit* 75,27 ; on n'a que le manuscrit de Paris. *Stilo obstitit* semble un peu bizarre, même dans la latinité de Symmaque, pour signifier « m'a empêché d'écrire ». Cf. 230,14-15 *aduersam ualetudinem corporis mei* missitandis *hucusque* litteris *obstitisse*. — *Castigasti item quod te fratribus tuis dicenda salute consociem... quid si uos una ad mensae genialitatem uocarem? nolles eodem cum fratribus toro accipi?* 107,18. On dit bien *accipere apparatu, cena, hospitio*, et Arnobe (VII 29) dit même *accipere se uino* dans le sens d'*inuitare se uino ; accipere toro* est mauvais, parce que le verbe y signifierait non plus « accueillir », mais « placer ». Il est donc bien possible qu'*accipi* soit une glose complétive; Symmaque aura dit elliptiquement : *nolles eodem cum fratribus toro?* — *Ero igitur uerborum modicus dum singulari uerecundiae tuae obsequor* 102,8-9; on n'a que le manuscrit de Paris. Peut-être *obsequor*, omis après *dum*, aura-t-il été restitué à la fin de la phrase, conformément à l'ordre accoutumé de la prose; dans ce cas Symmaque aurait suivi à peu près le même ordre que 99,19, dans une autre lettre adressée au même correspondant, c'est à dire à Stilichon : *uereor enim ne haec ipsa adferant fastidium praeclarae uerecundiae tuae*. — *Iuuandum enim tibi filium meum Desiderium litterae meae ingerunt* 202,28. La construction est la même que dans 108,16-17 *uel tradendas coram... duas oratiunculas meas uel mittendas in patriam fidelitati eius ingessi*. Le sujet d'*ingerere* est *litterae*, comme 50,12 c'est *stilus*. *Ingerere* est, pour Symmaque, à peu près synonyme de *suggerere* et d'*insinuare*, car il emploie successivement les trois verbes dans trois lignes successives d'une même lettre, 50,12-14. Il semble qu'il préfère *ingerere* pour un avis écrit, *suggerere* pour un avis oral[1]. Il

1. Cela pourtant n'est pas rigoureux, car, au moins dans un sens figuré, il dit *ingerere auribus* 119,8, 212,20, 255,24.— J'ai noté *ingerere* dans les passages suivants : 162,29, 168,21, 177,14, 196,17, 209,17, 216,21, 249,15. — M. Schulze, p. 140, traduit bien *suggestio* par « *mündliche* Vorstellung ». — Il donne la liste des passages contenant *suggerere*, p. 217.

est donc difficile de soupçonner l'intégrité du texte cité tout à l'heure. Mais il n'est pas indispensable de ponctuer après *ingerunt;* l'incise, dans l'idée de l'auteur, comprenait sans doute les mots suivants : *utrum praeter fortunam cunctis rebus ornatum.* — *Merito omitto conperta stilo exequi* 207,12 (cf. *uerum hoc exequi mitto,* Quintilien v 10,18). On a de même *stilo exequenda* 86,2, mais avec un autre préfixe *quae stilo persequi superuacaneum duxi* 80,17. Une confusion des deux verbes ne peut guère être imputée aux copistes du moyen âge[1]; elle ne serait pas incroyable de la part d'un des secrétaires de Symmaque. Ses lettres étaient ordinairement dictées[2], et en tout cas, bien rarement autographes: peut-être même ses amis n'ont-ils connu son écriture que par quelques post-scriptums. — *Quas tu nobis indagines leporum quos natales canum dies quae uenatica festa mentiris? cessent* (lire *censen*) *posse me retrahi a uoluminum studio in eas artes quas tibi adrogas?* 103,23; on n'a plus que le manuscrit de Paris, mais la lettre figurait dans les manuscrits perdus de Scioppius; diverses menues fautes comme *cessent* indiquent un mauvais état de l'archétype et légitiment une certaine défiance. — *Nam homo tuus tabellarium se* mihi optulit, *cui nihil litterarum dare summa piaculi esse perspexi* 141,16-17. — *Vos in propinquo urbis celebriore fama rerum agitis et* pari otio, *uestrum est procul positos ditare conpertis* 175,31. — *Puto esse* 20,9 : voir § 217 n.

215. Au lecteur de voir s'il peut plier son esprit à reconnaître dans quelques-uns de ces passages un hiatus authentique. Certes il en est qui laissent la critique hésitante, et comme embarrassée de ses soupçons perpétuels; pour ma part, il m'est moins dur de supporter cet embarras que de croire à l'hiatus.

10. *Discussion particulière de la lettre* I 37.

216. La lettre I 37 présente des difficultés métriques exceptionnelles, et d'autant plus frappantes qu'elles ne se retrouvent pas dans la lettre 38, qui semble inséparable de l'autre à cause

1. Les manuscrits d'extraits ont *persequi* 80,23 au lieu d'*exequi*, mais c'est que *persequi* se trouve un peu plus haut, 80,17.
2. Alfred Schöne, *Deutsche Litteraturzeitung*, 1884, p. 1725.

de son contenu[1]. Rien ne prouve que ces lettres soient adressées à Ausone, comme on le suppose depuis Juret[2]; mais on ne peut douter qu'elles soient de Symmaque. Les anomalies de 37 sont donc imputables ou à Symmaque lui-même ou à ses copistes. Peut-être l'exemplaire original avait-il souffert de quelque détérioration matérielle. — La lettre paraît contenir une citation de quelque vieil auteur dramatique, *quod genus nulli rei est nisi ad loquendum;* ces mots, qui peuvent former soit le commencement d'un septénaire trochaïque, soit un second et un premier hémistiche de sénaire, rappellent la langue de la république plus que celle du bas empire (cf. G. Boissier, *Journal des Savants*, 1888, p. 599, note; Kroll p. 35); il est tentant de rattacher à la même citation la phrase immédiatement précédente. Une citation analogue, mise en style indirect, paraît cachée dans les premières lignes, *mentes hominum nitere liquido die, coacta nube flaccescere;* on peut songer à des septénaires, ...*mentes hominum, quae nitent liquido die, Nube flaccescunt coacta.* Entre les deux citations on peut en soup-

1. Voici le texte de I 38 : *falso creditur nesciam iudicii esse fortunam. illa uero et praeteritorum memor et praesentium diligens et prudens futuri. tibi rependit quidquid ceteris praestitit. non ergo uaga neque erratica est a qua scimus alios donum cepisse te praemium. quis tibi honoris inquies nostri fecit indicium? celebritas famae cui iusta narranti statim creditur. an opperirer super hoc tuas litteras quas uerecundia differebat? minime : siquidem difficilis est patientia gaudiorum. fungor igitur ut uides partibus tuis, et quae debui cognoscere malui quodammodo nuntiare* (cadence qui prouve que dans *quodammodo* Symmaque voit un polysyllabe indivisible). *sed nolo ista properatio litterarum mearum tuum munus inpediat. scire me quod nunc scribo dissimula, et tribue quasi nouum nuntium, quem ego gratulabor iteratum. uale.* — Dans la quatrième incise, *non ergo* embarrasse; *non hercle* s'expliquerait mieux.

2. On fait commencer à 44 la série des lettres adressées à Agorius Prétextatus, de façon que les lettres à Ausone iraient jusqu'à 43. Mais, comme le remarque M. Seeck, 42 ne peut s'adresser à Ausone. Je doute aussi que le destinataire de 39 soit Ausone : où supposer Ausone, qui dit-on n'a jamais quitté la Gaule, recevant *in procinctu* une lettre dont le porteur commence par séjourner dans le Picénum? (*In procinctu* équivaut à *in aula*, Schulze p. 152, et le mot revient en ce sens 228,32 et 295,20; à l'origine, c'était la cour considérée comme cour militaire, comme quartier général; *in procinctu* 295,20 signifie «à Milan», car le rescrit qui répond à la *relatio* de Symmaque, *cod. Theod.* I 6,9, Seeck p. LVI, est daté de cette ville). Si les lettres 39-42 sont en réalité adressées soit à Agorius, soit à un troisième personnage, il n'y a plus de raison pour qu'Ausone soit le destinataire de 37-38. Cf. p. 96, n. 3. — L'hypothèse de M. Seeck (p. XXIV), relativement à 42, est peu vraisemblable.

çonner une troisième. La phrase *adeo magnae parti hominum nulla ab hoc morbo cautio est* est peu naturelle à la place où elle se trouve; elle obscurcit la pensée plutôt qu'elle ne l'éclaire; elle s'expliquerait au contraire tout simplement, si elle faisait partie d'un texte étranger allégué par Symmaque[1]. Et dans cette phrase la construction *cautio est ab,* qui paraît d'ailleurs être un ἅπαξ εἰρημένον[2], a une physionomie archaïque; le substantif y garde la rection du verbe, comme dans *quid tibi hanc tactio est*. En remplaçant *laetitia* par *laetities, res est* par *rest*, et en ajoutant *et* devant *adeo,* on aurait deux septénaires (*ab hoc* formant deux brèves conformément à la vieille prosodie) : *Quippe laetities loquax rest atque ostentatrix sui*[3], *Et adeo magnae parti hominum nulla ab hoc morbo cautio est.* Symmaque a pu les citer sous une forme plus ou moins correcte, car il est douteux qu'il ait su scander les vieux poètes (cf. § 88, vers la fin). — En rétablissant les citations poétiques, on diminue le nombre des problèmes qui se rapportent à la métrique de la prose. Pourtant les corrections qu'elle semble exiger restent multiples, mais il ne faut pas trop s'en effrayer, car ce n'est pas seulement du côté du mètre que le texte de la lettre paraît corrompu. Dans la citation en style indirect, *flaccescere* est une conjecture, que j'ai dû substituer aux leçons *flauescere, falcescere, fatescere*[4]; c'est à tort, je crois, que M. Seeck accepte *flauescere,* et comme lui M. Schulze p. 192 note. Dans la dernière citation, *ope* opposé à *uerbo* paraît insoutenable; les manuscrits d'extraits, qui ont été fortement interpolés,

1. *Morbus,* au sens qu'il a ici, n'est d'ailleurs pas étranger à la langue de Symmaque : voir 260,19. Cf. *morbum fabricatoris* 61,17.

2. Symmaque dit *cautio est ne* 23,19 comme Plaute, Térence, Cicéron; 15,25 on peut ponctuer ainsi : *longum de his loqui : cautio est ne...* De même 25,22 (mais non, semble-t-il, 338,17; *longum loqui* est d'ailleurs dit adverbialement 45,12, 54,26). — *Cautio officii persequendi* 5,25 indique le soin pour, non la précaution contre.

3. Symmaque exprime la même idée pour son compte dans la lettre VIII 5 : *hinc factum est ut epistolam* laetus *emitteres, exultans quippe animus gloriatur, et* ostentatione sui *non potest abstinere.* Si les deux passages conservent le souvenir d'une lecture de Symmaque, ils doivent être à peu près contemporains. Or, suivant M. Seeck, VIII 5 a été écrit en 375-376. On peut donc enfermer dans des limites plus étroites la date de la lettre I 37, que M. Seeck place entre 370 et 379. Un indice concordant est donné par I 13; dans les premiers jours de l'année 376 (Seeck p. LXXXI), Symmaque écrit : *solet facunda esse laetitia, et angustias clausi pectoris aspernata gestire.* — Il écrit ceci à Ausone, ce qui est un motif de douter que I 37 s'adresse à Ausone aussi.

4. Je me suis rencontré pour cette conjecture avec M. Schenkl.

donnent la conjecture *opere; opera* vaudrait mieux (pour le mètre poétique, je propose *ope operaque*). Dans la troisième phrase M. Seeck signale une faute évidente (je propose d'accepter l'addition de *res* et de changer *sum*[1] en *fiunt*). Une autre faute évidente est contenue dans *huic meo* ou *huic in meo* devant *studio* (il faut sans doute *huic in me* ou *huic in me tuo*). Dans la quatrième phrase à partir de la fin, *ut potuerim* va mal; le sens semble demander *ut potui* (ou *potui tum;* ou *potueram*). Plus haut, la proposition *amor fiduciam nutrit* n'est que tout juste intelligible, et *amicitia* sans déterminatif répète platement *amor,* tandis que le mot suivant, *negotiis,* n'a aucun sens qui satisfasse. Toute cette région de la lettre présente une indigence de conjonctions extraordinaire. Enfin l'ordre des idées y est défectueux : *quassa fide sunt qui iugiter blandiuntur,* où *quassa* est d'ailleurs une faute pour *cassa,* devrait suivre immédiatement *amor fiduciam nutrit,* et non séparer *dissimulare quod dolui* de *sed quid diutius ea retexo.* Tout cela est surprenant chez un écrivain qui excelle dans l'inutile, et qui a pour principal défaut, comme pour principale qualité, l'affinement de son élocution. Voici le texte; le caractère *italique* indique les corrections dont il a été question; d'autres conjectures, fondées exclusivement sur la métrique de la prose, sont en note.

217. Non frustra praedicant mentes hominum nitere liquido die, coacta nube flaccescere. meus animus fidem fecit exemplo, nam quotiens *res* tibi ex sententia *fiunt*, uerbis quorum mihi alias supellex desit indulgeo.

> Quippe laetitia loquax res est atque ostentatrix sui,
> *Et* adeo magnae parti hominum nulla ab hoc morbo cautio est.

patere igitur me quae ad laudes tuas pertinent obloquentem, uir quantum hominum in terris est spectatissime, qui et summis copiis uigiliam pro meis rebus adniteris, et amicitiam diligentia stabili perseueras. si fides seria cuiquam fuit tibi puto esse <*quam maximam*[2]>,

> Quam plerique uerbo ostentant, ope *operaque* deserunt,
> Quod genus nulli rei est nisi ad loquendum.

1. *Sum,* donné par le manuscrit perdu de Juret, manque dans *VF.* — *Desit,* qui vient un peu plus loin, serait-il une faute pour *defit?*
2. *Tibi puto esse* ferait une cadence inadmissible.

merito processus tuos in meo aere duco[1], quando iuxta[2] magnae curae sum tibi atque cum maxime fui. superest tamen aliquid quod huic in me *tuo* studio adici uelim. nolo memineris quod animo tuo aliquando suscensui. amor fiduciam nutrit. quid tam liberum quam amicitia neg*lecta*[3]? plerumque adposita est expostulatio sine labe concordiae. ita uerum est quod hodie tibi gratias ago, ut illud non potu*i* dissimulare quod dolui. cassa fide sunt qui iugiter blandiuntur. sed quid diutius ea retexo quorum te obliuisci uolo[4]? esto ut es benigna semper in me uoluntate[5], quod ego sperandum magis a te sentio quam petendum. uale.

11. *Observations sur les catégories grammaticales à la fin des phrases.*

218. La prose latine, en général, aime à placer le verbe à la fin de la phrase. Il en est ainsi chez Symmaque, et par là ses *fins de phrase* sont très différentes des *fins de vers* de Virgile, où dominent les substantifs. Dans ses 940 fins de lettre en particulier, le dernier mot est une forme verbale ou participiale près de quatre fois sur cinq. Il y a 169 exemples où le dernier mot est un substantif (ou un adjectif pris substantivement, comme *siluisse... ceterorum* I 89, *confirmare... prosperorum* VI 30). Dans 26 c'est un adjectif : *dederit pleniorem* I 72, *faciet promptiorem* III 22, *referas otiosus* VII 55, *rependam... longiores* V 50, *adderet... otiosi* V 78, *fore... copiosum* IX 25, *conciliaret... pleniorem* IX 33, *fecit optabilem* VII 114, *esse communia* IX 106, *erit... prolixior* I 103, *maluimus... antiquior* REL. 4, *dicar an sedulus* I 76, *esse tam cupidum* IV 16, *esse meliorum* II 37, *satis fecerit ... reliquorum* IV 70, *iuuari... alienae* IV 47,

1. Cadence rare (§ 97), mais la même fin de phrase revient textuellement 218,25 (où la variante *in uota mea* paraît être sans valeur). Même locution 75,3, et, à la fin d'un membre de phrase, 84,10.

2. Tournure que Symmaque aurait empruntée à Fronton, selon Kübler, *Berliner philologische Wochenschrift*, XII, p. 80.

3. Conjecture pour *negotiis*, qu'on attribue à la phrase suivante : voir plus haut. Métriquement, *liberum quam amicitia* est une cadence ou inusitée ou bien rare : § 52.

4. Cadence suspecte (voir toutefois § 96). Les manuscrits d'extraits ont *cupio*, qui métriquement serait plus suspect encore. *Volo* et *cupio* seraient-ils deux conjectures pour un mot omis (*uolebam*, *rogaui*?)

5. Cadence correcte à cause d'une petite règle particulière (voir § 195)? — *Semper* manque dans les manuscrits actuellement existants.

probetis immemorem v 71, *sit... conspicua* vii 63, *elucteris aduersa* viii 6, *lĕgatis inuitos* REL. 17, *est uotorum meorum* vii 20, *offendit deam sobriam* v 85, *est... dulcior* viii 62, *reperiat... similem* vii 95, *scient... suae* i 105, *utatur... tua* iii 36.

219. Quand un verbe n'est pas mis à la fin de la phrase, c'est souvent à cause de sa forme métrique. Ainsi, parmi les 169 verbes qui ont cédé leur place à un substantif, 18 appartiennent aux types interdits ou rarissimes *ēluctēmur, admŏnĕāris, trĭbŭĕre, rĕfŏuĕrit, ădhĭbĕātis,* 2 seulement au type très fréquent *inplĕuĕris;* la liste la plus longue (38 exemples) est celle des verbes du type *esse,* lequel est très rare en fin de lettre. — Vingt-six seulement de ces verbes non terminaux appartiennent au type *trādātur,* le plus fréquent de tous en fin de lettre (et dans 23 de ces 26 exemples le mot final a au moins la même étendue prosodique); or il y a aussi juste 26 exemples pour les verbes du type *nŏtantur,* qui en fin de lettre est seize fois moins fréquent. — Bien entendu Symmaque obéit aussi à des raisons grammaticales, logiques, littéraires... Ce n'est pas la métrique qui lui a fait terminer la lettre iii 71 par *nuntĭōrum* plutôt que par *reddĭtūrus.*

12. *La métrique des citations*[1].

220. Symmaque remanie volontiers les vers des classiques pour les accommoder aux règles de sa prose. P. 2,3 *liceat inter olores canoros anserem strepere,* 5,18 *humano capiti ceruix equina iungatur,* 7,21 *iter durum uicisse pietatem,* 78,6 *trapetis teritur baca Sicyonia.* Dans une allusion à un double passage des *Captifs* de Plaute, Symmaque choisit *uictitare* plutôt que *uiuere* (18,27), non pas pour les raisons que suppose M. Schulze p. 190, mais pour l'amour de la métrique. Cicéron (*Planc.* 66) rapportant ainsi une pensée de Caton, *clarorum hominum atque magnorum non minus otii quam negotii rationem exstare oportere,* Symmaque (1,11) y fait allusion sous cette forme : *libet enim non minus otii quam negotii praestare rationem.* Il met en prose métrique latine des passages de Démosthène 14,5-6, d'Hippocrate 166,7-8. Il prend dans les poètes la « fin de vers »

1. Sur les citations dans Symmaque, voir Kroll, *De Q. Aurelii Symmachi studiis Graecis et Latinis,* dans les *Breslauer philologische Abhandlungen,* t. VI.

diuinae stirpis Acestes ou *diuinae stirpis alumnus* (Kroll p. 47), et il en fait une « fin de phrase » *diuinae stirpis Augusto* 102,3.

221. Rarement Symmaque insère dans sa prose, sous forme de simple allusion, une citation poétique non modifiée : 103,25 *Candidior postquam tondenti barba cadebat,* 159,16 *aliud mercedis erit* (§ 101), peut-être *surdus ex iniuria animus* (§ 205). Refaçon d'un prétendu vers à la façon de Térence, § 88? — *Vultu saepe laeditur pietas* (Cic. *Rosc. Am.* 37) devient en style indirect *uultu saepe laedi pietatem* 19,10 : ces mots n'ont pas été accommodés aux règles métriques (il eût suffi d'intervertir *saepe* et *laedi*), ce qui donnerait à penser que l'autographe de Symmaque présentait la citation en style direct, et que le changement est venu des copistes. — Sur les citations de la lettre I 37 voir § 216 ; sur celles de I 90, § 88, n. ; sur *omne quod in cursu est uiget,* § 193.

VIII

222. De Cicéron à Pline, de Pline à Symmaque, la prose métrique a dû se modifier par une série d'appauvrissements; c'est ainsi que le vers de Claudien est plus monotone que celui de Virgile, et le vers de Virgile plus monotone que celui d'Ennius. Il est impossible, pour le moment, de dire quelles transformations la prose métrique a pu subir en quatre siècles, ne fût-ce que du fait des théories conscientes et des modes érudites. Et elle a dû en subir d'autres.

223. Cicéron, au coin du feu, parlait une langue *métrique,* le vrai latin; Symmaque parlait une langue *rythmique,* qu'on peut déjà appeler le roman. Sur le parler oratoire, l'altération graduelle du parler familier avait dû exercer pendant quatre siècles une influence profonde; même l'éloquence écrite avait dû s'en ressentir, en ce qui touche les conventions d'euphonie et de cadence. La prose métrique laissera reconnaître quelque jour les effets de cette répercussion sourde; il est sage, provisoirement, de ne pas préciser plus.

224. Tels sont les motifs qui m'engagent à clore cette étude, hérissée de détails, sans formuler une conclusion d'ensemble sur la nature de la prose qu'écrit Symmaque, sur les tendances ou les systèmes qui le guident, sur le principe soit phonétique, soit mathématique, de ses cadences finales. Je n'essaierai pas de concilier les règles contraires. Pourquoi *mōrĭbus fŭit* est-il une fin de phrase licite, *mōrĕ non fŭit* une fin de phrase défendue? on le saura par l'histoire de la prose métrique, quand elle sera faite; en attendant il suffit d'avoir constaté la disparate, et, par là, mis le lecteur en garde contre la tentation de résumer avant l'heure.

PASSAGES DE SYMMAQUE

DISCUTÉS OU COMMENTÉS

Il a paru utile de relever ici non seulement les passages examinés dans le présent travail, mais aussi ceux qui l'ont été dans d'autres publications postérieures à l'édition Seeck. Tels sont les mémoires ou comptes rendus de Schulze (§ 7, note), Kroll (§ 220, note), Schenkl (*Wochenschrift für klassische Philologie*, 1885, p. 111-118), Sittl (*Jahresbericht über die Fortschritte der classischen Alterthumswissenschaft*, LIX, p. 61), etc.

EPISTOLAE.	Chiffres de Seeck.	
I, I p.	1,11	§ 138
	2,2	Sittl 61
	2,8-9	Kroll 49 n.
	2,24	§ 62
	2,25	§ 58
	2,27	§ 88
III p.	4,20	§ 51
	4,22	§ 60
	4,23	Schulze 138
	4,26	§ 60
	4,29	Sittl 61
	4,30	§ 49
IIII p.	5,10	§ 80 n.; Schenkl 117, Kroll 54
VII p.	6,21	§ 210
	6,23	§ 189
	6,24	Kroll 97 n.
XI p.	8,7	§ 91
XIIII p.	10,9	J. van der Vliet[1].
	10,10-11	§ 28
XV p.	11,7	§ 64
XVI p.	11,11	Schenkl 117
	11,19	§ 59
XVIII p.	12,8	§ 82
XX p.	12,30-31	Schenkl 117
	13,7	§ 88
I, XXII p.	13,20-21	§ 193 n.
XXIII p.	14,8	§ 36 n. 1
XXIIII p.	14,18	§ 119
XXV p.	14,28	§ 107
	14,29	§ 124
	15,2	§ 80 n.
XXVII p.	15,16	§ 91
	15,17	§ 80
XXVIII p.	15,25	*cautio* § 216 n.
		ueri § 58
XXVIIII p.	16,5	§ 89
	16,7	Kroll 65 n.; Petschenig[2].
XXXI p.	17,14	Kroll 29 n.
XXXII p.	17,21	§ 205
XXXIII p.	18,27	§ 220
XXXIIII p.	19,7	§ 96
	19,9	§ 90
	19,10	§ 221
	19,14	§ 89
XXXVII p.	20,1-18	§§ 216-217
	20,4	§§ 217,49
XXXVIII p.	20,20-29	§ 216 n.
XXXVIIII p.	21,2	§ 216 n.
	21,7	§ 49
XXXXII p.	21,27	§ 216 n.
	22,3	§ 49

1. *Mnemosyne*, XVI p. 77.
2. *Wochenschrift für klassiche Philologie*, VIII, p. 1400.

Lettre	Page	Renvoi
I, XXXXIII	p. 22,23 (et 21)	§ 205
XXXXIIII	p. 23,6	§ 213
XXXXV	p. 23,15	§ 205
	23,17	§ 200
XXXXVI	p. 23,29-30	§ 207
	24,1-3	§ 106
XXXXVII	p. 24,10	Schulze 183 n.
	24,15	§ 166
L	p. 25,22	§ 216 n.
LI	p. 25,28	§ 91
	25,30	§ 88
	25,32	Schenkl 117
LIII	p. 26,16	Kroll 33 n.
	26,18	§ 48
LVI	p. 27,16	§ 204
LVIIII	p. 28,11	§ 92
	28,15	§ 88
LX	p. 28,22	§ 64
	28,25	§ 68
	28,26	§ 69
LXIIII	p. 29,24	§ 101
LXVIIII	p. 31,11	§ 88
LXXV	p. 32,29	Schulze 213 n.
LXXVI	p. 33,4	Kroll 32
LXXXIIII	p. 35,12	Sittl 61
LXXXV	p. 35,19	§ 68
LXXXVIII	p. 36,10	§ 213
LXXXVIIII	p. 36,19-21	§§ 80 n., 98
	36,23-24	§§ 88 n., 80 n.
LXXXX	p. 37,7	Schulze 123
	37,10	§ 88
LXXXXV	p. 38,24	§ 50
	39,3	§ 116
	39,4	*linguae* § 99
		uoluntati § 96 n., 111 n.
	39,5	§ 111
CI	p. 40,24	§ 80 n.
	40,28	§ 49
CII	p. 41,5	§ 122
	41,10	§ 106
CV	p. 42,1	§ 109
CVI	p. 42,6	Schenkl 117
II, IV	p. 43,21	§ 51
VI	p. 44,6-7	§ 80
VII	p. 44,18	§ 49
XV	p. 47,15	§ 83
XVI	p. 47,20	§ 83
	47,22	Schulze 170
XVIIII	p. 48,25-26	§ 204
II, XX	p. 48,34	§ 62 n.
XXII	p. 49,13	§ 84
	49,20	§ 170
XXV	p. 50,11	§ 84
XXVI	p. 50,26	§ 88
XXX	p. 51-52	§ 92
	51,29	§ 206
	51,30	§ 96 n.
XXXII	p. 52,31	§ 80
	53,1	§ 92 n.
XXXV	p. 54,6	§ 50
	54,7	§ 25, p. 15, n. 5.
	54,8	§ 88
XXXVI	p. 54,24	§ 63
XXXVII	p. 54,34	§ 80
XXXXVI	p. 57,14	§ 79
	57,14-15	§ 82
	57,16-17	§ 180
XXXXVII	p. 57,25	§ 99
XXXXVIII	p. 58,4	§ 80, p. 46, n. 2.
L	p. 58,20	§ 159
LII	p. 59,12	§ 92
LIII	p. 59,16	§ 58
LVII	p. 60,20	§ 192
	60,23	§§ 59, 96
	60,28	§ 80
LVIII	p. 60,34	Schenkl 117
	60,35	§ 49
LVIIII	p. 61,5	Schenkl 117
	61,8	§ 62
LX	p. 61,21	*tuo* § 138
		sumptu § 97
LXV	p. 62,30	*opto* § 83
		non quod § 193 n.
	62,31	§ 210 n., p. 90
LXVII	p. 63,13-17	§§ 30-32
LXXII	p. 64,15	§ 213
LXXV	p. 65,4	Schenkl 117
LXXVI	p. 65,18	Schulze 141
LXXVIIII	p. 66,11	§ 143
LXXXII	p. 67,8-10	§ 180
	67,9	§ 79
LXXXIIII	p. 67,23	§ 79
LXXXVI	p. 68,11-12	§ 205
	68,13	§ 196
LXXXVIII	p. 68,26	§ 192
LXXXVIIII	p. 69,6	§ 49
III, III	p. 70,32	Schulze 147 n.
IIII	p. 71,5	Schulze 224 n.
V	p. 71,19	§ 147

III, v p.	71,24	Schenkl 117
	71,26	§ 89
vi p.	71,31	§ 205
	72,2	§ 205
	72,6	§ 25, p. 16, n. 1
	72,9	§§ 98, 113
	72,16	§ 106 n.
	72,17	§ 80
	72,18	§ 203
xi p.	73,26	§ 45
	74,1	§ 41, p. 29, n. 1
	74,2	Schenkl 117
	74,6	Schulze 154
xii p.	74,19	§ 91
xiii p.	74,27	§ 188
	74,32	Schenkl 118[1]
xiiii p.	75,8	Schenkl 117
xv p.	75,15	§ 111 n.
	75,18	§ 69
xvi p.	75,27	§ 214
xvii p.	76,8	§ 82
	76,12	§ 106
xviii p.	76,21	§ 36 n. 1
xxii p.	77,28-29	§ 84
xxiii p.	78,9	Schenkl 118
	78,11	Schenkl 117
xxv p.	79,13	§ 80 n.
	79,14	§ 88
xxviii p.	79,32	§ 91
xxviiii p.	80,10	§ 88
xxxiii p.	81,9	§ 212
xxxiiii p.	81,18	§ 106
xxxviii p.	82,27	§ 106
xxxviiii p.	83,3-7	§§ 49, 89
xxxx p.	83,14-18	§§ 30-32
xxxxiii p.	84,15	§ 210
	84,21	§§ 49, 67
xxxxiiii p.	84,26[2]	
	85,2	§ 116
	85,4	§ 207
xxxxviiii p.	86,21	§ 71
l p.	86,24	§ 72
	86,27	Sittl 61
lii p.	87,9-12	§ 210
lv p.	88,7	§ 213
lvii p.	88,25	Schulze 219 n.
	88,27	§ 88
III, lviii p.	89,6	§ 79
lxii p.	90,5	§ 123
lxvi p.	91,2	§ 208
	91,3	§ 164
lxviiii p.	91,25	§ 81
	91,29	§ 205
lxx p.	92,4	Schenkl 118
lxxv p.	93,17	§ 79
lxxxi p.	95,3	§ 106
lxxxv p.	96,9	§ 91
lxxxvii p.	96,33	§ 89
lxxxviii p.	97,5	§ 63
lxxxxi p.	97,33	§ 179
	98,2	§ 207
IIII, iii p.	98,30	§ 187
	99,7	§ 79
v p.	99,33	§ 113
vi p.	100,5	§ 91
viii p.	100,22	§ 80
	101,1	§ 85
x p.	101,20	§ 92
xi p.	101,26	§ 58
xii p.	102,3	§ 220
	102,8-9	§ 214
xiiii p.	102,22-23	§ 134
xvii p.	103,13	§ 89
xviii p.	103,20	§ 92
	103,23	§ 214
xx p.	105,4	§ 115
xxi p.	105,13	§ 89
xxvii p.	107,11	§ 205
	107,18	§ 214
xxviii p.	107,29	§ 81
	108,2	§ 204
xxviiii p.	108,20	§ 210
xxxii p.	109,31	§ 96
xxxiiii p.	110,30	§ 80
xxxvii p.	111,29	§ 96
	111,30-31	§ 205
xxxviii p.	112,4	§ 97
xxxxiiii p.	113,25	§ 48
xxxxvi p.	114,6	§ 80
li p.	115,16	§ 79
lii p.	116,7	§ 106
liiii p.	116,25	§ 157
lv p.	117,5	§ 80

1. Où il faut lire : Ovide, *Met.*, vi 60.
2. *Archiv für latein. Lexikogr.*, vii, p. 617.

IIII, LV p. 117,10 § 106
LVIII p. 118,6 et 11 p. 108 et § 79
118,17 Schenkl 118
LX p. 119,15 § 108
LXI p. 119,22-23 § 106
119,29 § 204
LXIII p. 120,11 § 197
LXIIII p. 121,2 § 25, p. 15, n. 5
LXVIII p. 122,13 Schulze 135
LXXI p. 123,13 § 82

V, I p. 124,19-23 §§ 30-32
VIIII p. 126,17 § 97
XI p. 127,6 § 80 n.
XIII p. 127,22 § 62
XIIII p. 127,28 § 82
127,30 § 81
128,4 § 74 n.
XXI p. 129,31 § 88
XXIII p. 130,17 § 96
XXXIII p. 132,18-19 § 194
XXXXI p. 135,7 § 92
XXXXVII p. 136,30 § 89
L p. 137,29 Schulze 131 n.
LIIII p. 138,28 § 79
138,32 § 96
LVIII p. 140,23 § 58
140,24 Kroll 31 n.
LVIIII p. 140,30 § 206
LX p. 141,9 § 208
LXI p. 141,16 § 214
LXII p. 141,24 § 205 n.
LXV p. 142,27 § 205 n.
LXVII p. 144,1 § 81
LXVIIII p. 144,23 § 111
LXXV p. 146,12 Kroll 38 n.
LXXVIII p. 147,9 § 96
LXXXXVII p. 152,3 § 58 n.

VI, VI p. 154,11 § 50
154,16 § 59
VII p. 154,28-32 § 210 n., p. 90
X p. 155,31 § 50
XI p. 156,3 § 49
XII p. 156,29-30 § 210
XVII p. 158,3 § 59
XXII p. 159,16 § 101
XXIIII p. 160,7 § 88
XXXII p. 162,12 Schulze 155
XXXVII p. 163,32 § 205
XXXVIIII p. 167,8 § 96 n.

VI, LIII p. 168,8-15 § 206
LVIIII p. 170,9 § 89
LXI p. 170,21 § 208
170,27 §§ 49, 206
LXII p. 170,33 § 180
LXIII p. 171,7-11 § 206 n., p. 85
LXIIII p. 171,24 § 92
LXV p. 171,28 Schulze 197 n.
171,30 Schulze 175 n.
LXVII p. 172,29 § 49, Kroll 22 n.
LXX p. 173,29 § 51
LXXV p. 174,28 § 59
LXXVI p. 175,10 § 91
LXXVII p. 175,17 § 91
LXXVIII p. 175,31 § 214

VII, I p. 177,8 § 106
177,9 § 108
X p. 179,14 § 59
XVIII p. 181,31 Schenkl 118
XX p. 182,29 Schulze 130
XXII p. 183,16-17 § 203
XXIII p. 183,23 § 106
XXIIII p. 183,28 § 61
XXV p. 184,7 § 79
XXVII p. 184,23 § 69
XXXII p. 185,24-25 § 100
XXXXI p. 188,15-16 § 106
XXXXII p. 188,23 § 210
XXXXVI p. 189,29-30 § 205
XXXXVIII p. 190,16 § 79
L p. 191,7 Schulze 231 n.
LI p. 191,16 § 106
LIII p. 191-192 §§ 30-32, 213 n.
LV p. 192,18 § 81
LX p. 194,1 § 193
LXV p. 195,8-9 § 98
LXVIIII p. 196,12-13 § 98
196,17 § 58
LXXVI p. 198,12 § 82
LXXXXI p. 202,6 § 49
LXXXXIIII p. 202,28 § 214
LXXXXVIIII p. 204,10 § 101
CVIII p. 207,12 § 214
CVIIII p. 207,22 § 210 n., p. 90
CXII p. 208,20 § 67
CXV p. 209,14 § 25, p. 14
CXVI p. 209,25 § 88
CXVIIII p. 210,17 § 138
CXXI p. 211,9 § 59
CXXV p. 212,15-16 § 110

Lettre	Page	Renvoi
VII, CXXVIIII	p. 214,2	§§ 210 n. (p. 90), 206
VIII, I	p. 214,22	§ 82
II	p. 215,10	§ 206
V	p. 216,4	§ 205
XII	p. 217,18	§ 61
XXI	p. 220,20	§ 106
XXVII	p. 223,13	§ 193
	223,19	§ 91
XXX	p. 224,12	§ 207
XXXX	p. 226,21	Schulze 205
XXXXI	p. 227,4	§ 206
XXXXII	p. 227.7	§ 59 n.
	227,10-11	§ 168
XXXXIII	p. 227,21	§ 25 n.
LV	p. 230,15	Schulze 188 n.
LV A	p. 230,23	§ 62
LVIII	p. 231,12	§ 114
LXI	p 232,4	Schulze 220 n.
	232,5	§ 50
LXV	p. 233,5	§ 115
LXVI	p. 233,15	§ 79
LXVIIII	p. 234,4	§ 83
LXXIII	p. 235,2	§ 80
VIIII, II	p. 236,1	*didicit* § 99 *perfectionem* § 106
VII	p. 237,9	§ 91
	237,12	§ 48
VIIII	p. 237,24	§ 64
	237,25	§ 205
X	p. 238,7	Schulze 150
	238,11	§ 50
XXI	p. 241,17	§ 59
XXII	p. 241,25	§ 48
XXIII	p. 242,8	§ 112
	242,11	§ 48
XXIIII	p. 242,22	§ 115
XXVI	p. 243,14-15	§ 73
	243,16	§ 91
XXVII	p. 243,29	§ 207
	243,30	§ 54 n.
XXVIII	p. 244,4	§ 91
XXXI	p. 245,12	§ 68
XXXIIII	p. 245.33	§ 48
XXXVI	p. 246,23	§ 208
XXXVII	p. 246,29	§ 67
XXXVIII	p. 247,4	§ 208
XXXX	p. 247,22	Schulze 200 n.
VIIII, XXXXIII	p. 248-249	§ 154
XXXXV	p. 249,21	§ 66
XXXXVI	p. 249,23	§ 82
	249,24	§ 210
	250,2	§ 84
XXXXVIIII	p. 250,26	Schulze 146
LV	p. 252,18	§ 54 n.
LVI	p. 252,24	§ 208
LXII	p. 254,9	§ 61
LXVII	p. 255,7	§ 98
LXXI	p. 256,11 et 20	§ 85
LXXII	p. 256,24	§ 212
LXXIII	p. 256,32	§ 48
LXXXIII	p. 259,9	§ 91
LXXXIIII	p. 259,16	Kroll 70 n.
LXXXVII	p. 260,11	§ 86
	260,13	§ 88
LXXXVIII	p. 260,18-36	§ 154 n.
	260,26	§ 208
	260,30	§ 193
LXXXX	p. 261,14	§ 207
LXXXXI	p. 261,25	§ 96
LXXXXV	p. 262,17	§ 91
LXXXXVII	p. 262,28	§ 80 n.
LXXXXVIII	p. 263,3	§ 59
CII	p. 263,25	§ 205
	263,26	§ 97
CIII	p. 263,29	§ 49
	264,1	§ 62
CIIII	p. 264,6	§ 205
CV	p. 264,10	§ 106
CX	p. 265,9	§ 166
	265,10	§ 82 n.
	265,14	Schulze 231, Kroll 12 n.
CXII	p. 265-266	§ 154 n.
	266,2	§ 80
CXIII	p. 266,19	Schenkl 118
	266,25	§ 183
CXV	p. 266,31	Kroll 90
	267,1	*inuidas* § 67 *ratio* § 80
CXVI	p. 267,10	§ 99
CXVII	p. 267,17	§ 73
	267,19	§ 206
CXVIII	p. 267,27	§ 141
CXVIIII	p. 268,6	§ 205
	268,8	§ 63
CXXII	p. 268,25	§ 89
	268,26	§ 109
CXXIIII	p. 269,12-13	§ 80

VIIII, CXXV p.	269,21	§ 89
CXXVI p.	269,27	Schulze 179
CXXVIIII p.	270,21	§ 113
CXXXII p.	271,9-14	§ 59 n.
	271,11	§ 106
CXXXIIII p.	271,31	§ 50
CXXXVI p.	272,11	Schulze 140
	272,12	§ 81
CXXXVII p.	272,18-22	§ 59 n.
	272,19	§ 88
	272,22	§ 66
CXXXXVI p.	274,24	Kroll 40 n.
CXXXXVII p.	274,36	§ 174
CL p.	275,32	§ 206
CLI p.	276,10	§ 205
	276,12	§ 82
X, I p.	277,9-10	§§ 59, 205, Kroll 31 n.
II p.	277,25	§ 67
	277,28-29	§ 205
	278,1	§ 207
	278,2	§ 88
	278,3	§§ 91, 205
	278,12	§ 51
REL. I p.	279,7	§§ 149, 205
	279,9	§ 80
	279,12	§ 113
II p.	280,14	§ 64
III p.	280-283	§§ 37-41
V p.	284,25	§ 88
VIIII p.	287,8-9	§§ 80, 49
	287,10	§ 106
X p.	288,26	§ 67
XII p.	289,27	§ 80
	289,29 et 290,2	§ 97
	290,9	§ 25, p. 13, n. 3
XIIII p.	291,1	§ 50
	291,3	Schulze 138 n.
XVIIII p.	293,24	§ 55
	294,19	§ 84
XXI p.	295,8	Schulze 126
	295,34	Kroll 47
XXIII p.	296,34	§ 206 n.
	297,3	§ 206
REL. I p.	297,10	§ 25, p. 13, n. 4
	297,17	§ 81
	298,31	§ 55
	298,34	§ 91
XXIIII p.	299,15	§ 207
XXV p.	299,31	Schulze 179
	299,32-33	Schulze 130-131
XXVI p.	300,33	Seeck[1]
XXXI p.	305,4	Schulze 179
XXXIIII p.	307,14	§ 79
	308,7	§ 96
	308,24	§ 81
	308,26	§ 208
	308,32	§ 79
XXXVII p.	310,8	§ 207
XXXVIII p.	310,16	§ 156
	310,17	§ 103
	310,27	§ 210 n., p. 90
XXXVIIII p.	311,11	§ 206
XXXX p.	311,27-28	§ 147
	312,27	§ 210 n., p. 91
XXXXI p.	313,7	§ 59
XXXXIII p.	314,14	§ 99
XXXXVI p.	315,15	§ 61
XXXXVII p.	315,30	§ 49
XXXXVIII p.	316,19	§ 80
XXXXVIIII p.	317,8	§ 63
ORATIO I p.	318,9	Schenkl 118
	318,14	§ 89
	319,3	§ 29 n.
	319,8	§ 88
	319,24	§ 29 n.
	319,33	§ 65
	320,22-23	§ 96
	321,1	§ 138
	321,14	§ 88
	321,32	§ 83
	322,26	§ 80
	322,27	§ 83
	322,28	§ 66
	322,31	§ 59
	323,9	§ 62
	323,10	§§ 203, 208
II p.	324,12	§ 197
	324,24	Sittl 62
	324,28	§ 92
	324,30	§ 49
	324,33	§ 41, p. 29, n. 1

1. *Archiv für latein. Lexikogr.* IV, p. 421, cf. V, p. 143.

ORATIO II p.	325,6	§ 88
	325,22	§ 80
	325, 32 et 35	§ 81
	326,8	§ 80
	326,28	§ 59
	326,29	§§ 70, 206
	326,33	§ 80 n.
	327,10	Schulze 142 n.
	327,12	§ 59
	327,26	§ 117
	328,29	§ 208
	328,30	§ 80 n.
	329,17	§ 61
	330,9	§§ 91 n., 97
III p.	330,19	§ 49
	331,16	§ 81
IIII p.	332-335	§ 102 n.
	331,12	§ 83
	332,35	§ 206
	333,2	§ 81
ORATIO IIII p.	333,4	§ 102
	333,5	§ 59
	333,19	§ 119
	333,37	§ 53
	334,9	§ 67
	334,13	§ 64
	334,23	§ 98
	335,16	§ 198
	335,17-18	§ 80
	335,21	§ 170
	335,24	§ 61
V p.	335,32	§ 210 n., p. 90
	336,2	§ 213
	336,6	§ 92
	336,8	§§ 63, 79
VII p.	337,18	§ 64
	337,20	§ 49
	337,24	Schulze 122
	337,30	§ 206
VIII p.	339,3	§ 106

Je profite de l'espace disponible pour signaler une correction. P. 118,6, *cum homines tui Tiberina tetigerunt,* il faut évidemment lire *homines tui ostia T.*; cf. 288,9, *hanc uero in Tiberinis ostiis mixtus populo senatus excipiet.* L'omission d'*ostia* s'explique aisément après *-estui.*

INDEX

abitere § 96 n.
abréviations § 57
ac § 210 n.
accire § 210 n.
adplicare § 205, p. 83
Agorius Praetextatus § 216 n.
Albert de Morra § 2
Antonius, son théâtre § 88
apophoreticum § 205, p. 83
Apulie § 59
archaïsmes §§ 25, 28, 96 n.
atque § 210 n.
Ausone §§ 25 p. 16, 28, 154 n., 216, etc.
bulles §§ 2, 21, etc.
Caetani (Jean) §§ 2, 21, 23
cartula § 205, p. 81
cautio § 216 n.
César § 43
Cicéron §§ 24, 43, 222
clarus § 28 n.
clausules § 36
code Théodosien § 6
Commodien § 14
con- §§ 210, p. 89, 206, p. 86
conjugaison §§ 25, 106 (p. 61)
continari § 48
conuenire § 206
coturnus § 80 n.
cyminum § 88
Cyprien (saint) §§ 5, 24
Dalmatie § 59
déclinaison § 25
dedux § 83
delenificus § 205, p. 84
delenimentum § 45 n.
deus pour *dii* § 205, p. 83
diuinitus § 58
duellum § 25, p. 12
Eckhel § 83 n.
editio § 205, p. 81
eiusmodi § 26
Ennius § 25, p. 12
Ennodius § 24
epistola § 48 n., p. 32
et pour *ei* § 96 n.
Eumenius §§ 84, 205 (p. 82 n.)
exinde § 3
fauor § 208 n.
forum § 154
frangere § 51
Fucinus § 28
functio § 205, p. 81
Gelenius § 80
gratiam (redire in) § 91
Grégoire VIII § 2 (cf. § 23)
hauere § 62
Horace § 25, p. 15-16
huiusmodi § 26
humus § 80 n.
impératif futur § 106, p. 61
in- § 210

ingerere § 214
iniuria § 205, p. 84
interversions § 31
Julianus § 154 n.
Juvencus § 25, p. 15
Léon le Grand §§ 21-22,43
locare bene, male § 96
Mamertinus § 24
morbus § 216 n.
muttire § 96 n.
mutuus §§ 58,101 (et 91)
n pour *p* § 80 n.
nepticula § 90 n.
nihil, nil § 25, p. 13
non quo § 193 n.
obtatus § 32 n.
Occident, Orient § 59
ordo amplissimus § 213
ours §§ 59,66
Ovide § 25
p pour *n* § 80 n.
Panegyrici § 24
Plaute *Mil.* 657 § 89
Pline le jeune §§ 24,43,222
ponctuation §§ 33-37,42
Porson (loi de) § 34
praesidalis § 48
Praeualitana § 59
prépositions §§ 194,195
Priscien § 25, p. 15
Probus §§ 92,154 n.
procinctu (in) § 216 n.
promiscus § 64
promptarium § 114
prosodie § 25
Quintilien XII 10,29 et I 4,11 § 51
quodammodo § 216 n.
rescrits impériaux § 6
rosula § 90
salinarum mancipes § 49
satis facere §§ 52,115
Siburius § 88
Sidoine § 24
Sidoine *epist.* I 5 § 28
Sophocle § 34
Sophrone § 4
suadus § 205, p. 84
subtexere § 117
suggerere § 214
syncope § 25
synonymes § 213 n.
tergere § 88
ti pour *ci* § 206 n.
titres impériaux §§ 40,79,205, 210
tius, thius § 206 n.
tornus turnus § 80 n.
tuatim § 96
uber agri § 210
uberare § 205, p. 82
Virgile §§ 14,25,34, 218, etc.
umor § 80 n.
uoluntas § 111 n.

TABLEAU DE LA MÉTRIQUE DE SYMMAQUE

I. TYPES DE FIN DE PHRASE

A la fin d'une phrase, un monosyllabe suivi d'un polysyllabe forme avec lui un *groupe* qui est traité comme un *mot* unique de même étendue ; par exemple, le groupe *ōs ămīcum* est traité comme le mot *ārĭdōrum*. Par suite, dans le présent tableau, il a paru pratique de faire figurer les *mots* et de sous-entendre les *groupes*.

MOT (OU GROUPE) FINAL DE 4 DEMI-PIEDS

.....	*ēlātōrum, dēsĭlĭēbat*	§§ 48-49
.....	*ămāmĭni*	50-51
.....	*ămīcĭtĭa, ērĭpĭmĭni*	52-53
scripsĕris, fuĕris (ou *non ĕrat*)	*ārĭdōrum*	
ōrĭs (ou *ănĭmŭs*)	*ēlātĭo*	
ōrĭs	*ĭtĕrātĭo*	54
scripsĕris, fuĕris	*ămīcōrum*	
ōrās (ou *scripsĕris, fuĕris ?*)	*ăgĭlĭtātem*	

MOT (OU GROUPE) FINAL DE 3 DEMI-PIEDS

.....	*ăgĭlĭum*	§§ 71-72
.....	*bĕnĕfĭcĭum*	73
ōrĭs (ou *ănĭmŭs*)	*ēlātum*	
ōrĭs	*āmŏuĕam*	
ōrĭs	*ĭtĕrātum*	74
ĕras, ĕris (ou *scripsĕris, fuĕris*)	*ārĭdum*	
ōrās	*ămīcum*	

MOT FINAL DE 2 DEMI-PIEDS

ĕras, ĕris (ou *scripsĕris, fuĕris*)	*ōre*	
ĕras, ĕris (ou *scripsĕris, fuĕris*)	*ăgĕre*	§ 93
scripsĕris, fuĕris	*ĕram*	

MOT (OU GROUPE) FINAL DE 5 DEMI-PIEDS

.....	*ōrātūrōrum* (et équivalents)	§§ 102-103
.....	*ărātūrōrum*	104
ōrās (et *ōrĭs?*)	*ōrātĭōnem*	105
.....	*trĕpĭdātĭōnem*	
ōrās (et *scripsĕris, fuĕris?*)	*ărātĭōnem*	
ĕras, ĕris, scripsĕris, fuĕris	*ōrātōrĭum*	
.....	*ārĭdĭōrĭbus*	
scripsĕris, fuĕris (ou *non ĕras*)	*ēuŏcātĭo*	
scripsĕris, fuĕris (et *ōrās?*)	*ărātōrĭum*	
ōrās	*ăgĭlĭōrĭbus*	
ĕras, ĕris, scripsĕris, fuĕris	*ēuŏcātūrum*	

MOT (OU GROUPE) FINAL DE 6 DEMI-PIEDS §§ 120-134

MOT (OU GROUPE) FINAL DE 7 DEMI-PIEDS §§ 135-137

Est, sunt, ETC., FINAL : §§ 139, 162-166, 188-190

Est, sunt, ETC., PRÉCÉDANT LE MOT OU GROUPE FINAL : §§ 191-193

AUTRES MONOSYLLABES PÉNULTIÈMES : §§ 194-201

RENCONTRE DES VOYELLES EN FIN DE PHRASE : §§ 202-215

II. REMARQUES ACCESSOIRES

NATURE DU MOT FINAL (verbe, substantif, etc.) : §§ 218-219

LES CITATIONS DANS SYMMAQUE : §§ 220-221

IMPRIMERIE POLYGLOTTE ALPH. LE ROY, RENNES.

www.ingramcontent.com/pod-product-compliance
Lightning Source LLC
LaVergne TN
LVHW020333230826
846091LV00003B/848

9782013563796